ちくま新書

仕事と江戸時代

——武士・町人・百姓はどう働いたか

戸森麻衣子
Tomori Maiko

JN042809

1767

仕事と江戸時代

――武士・町人・百姓はどう働いたか

【目次】

はじめに

†「働き方」は時代により変化する

今、人々の働き方が大きく変化しつつある。何年も前から、インターネット環境の普及によりリモートワークを行える条件は整っていた。しかし、仕事は職場に出勤してするものだという意識が根強く、なかなか浸透しないでいたのが、コロナ禍という外的要因に押されることによって、一気に、ごく普通の働き方になった。また、働く人々の属性も、従来は、正規雇用の職員・従業員、パート・アルバイト、自営業といった三つの大きな括りで捉えることができていたのが、全くそうではなくなってきている。会社員が休日に動画配信で広告収入を得る副業をするとか、趣味で製作しているアクセサリーをネットサイトで販売するとか、収入を得るための仕事が一つではない人も増えた。職種における男女の垣根も低くなったといえる。男性の領域と見なされていたために就職しにくかった分野にも、女性が進出している。そうしたこともあって、特に若い世代の仕事観は、一世代前とはおおいに違っているのだろうと感じることも多い。

歴史的にみれば、人々の働き方は絶えず変化してきた。夫が主たる稼ぎ手となり、専業主婦が子育てや家事を一手に引き受けるという家族モデルは、昭和後期から平成前期にかけては当たり前のように受け止められていたが、現在ではもはや少数派になった。専業主婦がセットになった家族モデルが標準とされたために、専業主婦という存在を前近代までも遡る伝統的なものとして見ようとする向きもあるが、実際はそうでなく、高度成長期以降に広がった家族形態である。第一次産業従事者が減少し、いわゆるサラリーマン世帯が増加したからこそ、子育てと家事労働のみを妻が担当するという生活を多くの人が選択するようになったのである。

昭和二〇年代には国民の半数弱が第一次産業に従事し、農村で生活していた（現在は、就業者人口の三％にすぎない）。農村に、多数の人々の生活基盤があるという点で前近代―江戸時代とあまり変わらなかったといえる。とはいえ、昭和期の農村の生活と江戸時代の生活が同じということではない。そこには緩やかな変化があったが、高度成長期以降に日本社会が経験した産業構造の転換や都市型生活の普及などの急激な変化の比ではないだろう。

人々の働き方の歴史的変遷を考えてみるに、日本社会独自の労働形態だとか、根底に存在する労働観といったものがあり、それが個人の意識や社会の共通認識として息づいているのでは、と思う方もいるかもしれない。いや、現代における働き方は、明治時代のいわゆる産業革命以降、資本主義化の流れのなかで形成されていった要素に強く規定されているのではないかと考える方もいるだろう。確かに、現代との直接的な関係をみるなら、近現代に形成されていった要素の影響が強い。だからといってそれ以前が、近代化の波に攫われる前の牧歌的な様相であったわけではない。

江戸時代は、政治体制をとっても経済制度をとっても、現代とは全く異なる社会システムで動いている。しかし、その頃の働き方の具体的な事例を観察してみると、私たちが最近経験したり、聞いたことがあるような働き方の問題が認められることに気が付くに違いない。

†江戸時代の「働き方」に注目する理由

ところで、日本における「働き方」の源流をたどるなら、江戸時代よりも前の時代、古代・中世を取り上げるほうがよいのではないか、との意見もあるかもしれない。しかし、働き方という点でいうと、古代・中世はまだその多様性に乏しい時代であった。また、当時は、社会的・経済的に強い立場に立つ者が弱い立場にいる者を支配する様相――学術研究の世界では「隷属関係」とも表現されるような――が強く、労働の世界にも影響を及ぼしていた。そのため、古代・中世と現在の「働き方」を連続するものとして捉えるのは難しいと考えている。

江戸時代になると、戦国時代の戦乱により生じていたさまざまな障壁から解放され、おおいなる社会発展がもたらされることになる。農民は戦に怯える必要がなくなり、安心して農業に打ち込めるようになった。領主側の政策と相まって、江戸時代前期には「大開発時代」と呼ばれる開発ブームが到来した。「大開発時代」には、耕地面積も人口も、それ以前の歴史的過程ではみたことのないような増加度を示す。それにともない、米・麦など生きるために必要な基本的食料を生産するだけでなく、さまざまな、生活を豊かにするための作物や、農産物を加工した商品も生産されるようになった。そうした作物・商品をより広い地域に販売するためのシステムも構築されていく。江戸時代は、水陸の遠距離輸送が発達した時代でもある。商品の輸送や販売網の規模が大きくなれば、従来の商家で扱える範疇ではなくなり、問屋・仲買・小売といった商人の分業体制が整えられた。経営規模が拡大するにつれて、商家では、家族労働に加えて奉公人を雇用して諸業務を分担させた。商品の仕入れから販売までにさまざまな形態の働き手が必要となったわけである。こうした点をとっても、中世の働き方とは大きく異なっている。

江戸時代には、生活水準の向上にともないさまざまなサービス業も発達した。富裕階層は、豊かな生活を享受できるように奉公人を召し抱えて身の回りで奉仕させるようになった。もちろん、戦国時代までの上流階級にも召使はいたが、彼らは社会的支配関係に置かれた存在だった。社会システムが大きく転換するにともない、江戸時代にはその関係がある程度リセットされることになる。中世まで社会の各層に存在した従属関係が薄まったことが、江戸時代における労働の多様化につながっていった。

そして、働き方を変えたもう一つの大きな要因が、貨幣の普及である。中世にも貨幣はあったが、中国から輸入された銭が主に使用されており、鎌倉幕府や室町幕府が価値を保証したわけでもないため、商取引における信用面での不安はつきまとった。江戸時代には貨幣制度が整備されたことにより、大口取引を行う商人ばかりでなく、労働を提供する個々の町人・百姓にとっても対価として貨幣を受け取ることに対する不安が解消した。

こうした、中世から近世にかけての変化については、第一章で詳しく触れる。働き方において、江戸時代に歴史的画期を見出せるからこそ、本書ではそれに注目するのである。

†歴史学の視点、経済学の視点

江戸時代の人々の働き方、とりわけ雇用労働に関するトピックは、学術的なレベルでいえば歴史学（日本近世史）と、経済学（経営史・労働史）の分野で取り上げられてきた。本書は前者、歴史学の見方に沿って構成している。

歴史学の分野では、江戸時代のことなら何でも対象となるので、武士についても町人・百姓についても、あらゆる角度で分析されてきた。また、現在には職業として残っていない存在とか、物乞いで暮らすような社会的弱者の人々まで掬い上げて考えていこうとする動向もある。江戸時代は、そうした諸存在が独特な形で複合し合っている、パッチワーク的社会であったことが歴史学の成果として明らかになっている。その成果と蓄積に拠りながら、江戸時代の「働き方」について総合的に考えてみたい。なお、「働き方」を切り口にしてみると、江戸時代の身分制社会としての特徴や社会の発展形態の特徴がよく分かるのではないかと思う。本書は通史というわけではないが、読者は、江戸時代とはこのような時代なのだというイメージを摑んでいただけるだろう。

一方、経済学（経営史・労働史）分野においては、「日本型企業の経営形態」「日本型の雇用慣行」の沿革を解明するという命題に基づく研究が行われており、商家の組織や経営方式、奉公人制度などが分析対象となってきた。特に、京都・近江・伊勢などの上方《かみがた》に統括部門を置いていた大商人を扱う研究がまとまったものとしてある。近代の会社制度への移行過程にも強い関心が寄せられている。また、労働史の分野には、武家奉公人《ほうこうにん》や百姓の雇用形態の変化に注目する研究がある。それらでは、江戸時代前期には「譜代下人《げにん》」と呼ばれる、隷属的な状態に置かれた農民が広範に存在していたのが、次第に減少して「年季売奉公」または「質物奉公」と呼ばれる方式（労働の開始に先立って、本人以外の人物が奉公先から金を受け取り、その金額分を何年かの労働をもって償却させる）に変化する点や、年季奉公人の年季（契約年数）が次第に長年季から短年季へ短縮していく傾向等が指摘されている。

経済学分野の研究は、経済理論に基づき、社会の発展段階と労働形態の変化を結び付けて解明しようとしている分、明快さがある。しかし、現代の私たちの身近な働き方にひきつけては考えにくいのではないか。そのため本書では、経済学的な分析からある程度、距離を置いている点をお断りしておきたい。現在、労働者のひとりとして自分がおり、その過去の形として江戸時代の働く人々がいるという感覚で、当時を知ることを重視したい。

†武士も町人も百姓も、トータルでみてわかることがある

江戸時代というと、武士の時代と捉える方も多いだろう。当時の武士は、知行や蔵米などの俸禄を受け取って、幕府や藩で政治的職務を遂行していた。俸禄は労働報酬とはいえず、身分に付随する特権であるという特殊性はあるものの、武士は、公務員の前段階的な仕事をしていた。武士の本分は兵として戦に出ることであったが、実質的に、行政の担当者としての役割が第一義となっていたのである。前述の経済学分野では、武士の活動を雇用労働として扱っていないが、武士を含め、当時の人々の働き方全体を見渡してみることが重要だと思われるので、本書では武士層の「働き方」も取り上げている。

本書は、全一四章構成となっている。対象ごとに章を分け、江戸時代の人々の「働き方」あれこれを探索する形になっている。第一章は総論としての位置づけである。第二章～第六章は武士、第七章～第九章は町人、第一二章～第一四章は百姓の働き方を扱う。ほか、第一〇章は働く女性に特化した内容、第一一章は雇用労働者をめぐる法制度に注目した内容になっている。各章で取り上げる人々の働き方はおおいに絡み合っている。その絡

み合いにこそ江戸時代社会の実相が見えるので、そこをぜひ読み取って欲しい。

第一章 「働き方」と貨幣制度

†中世から近世へ——働き方の変化

「はじめに」でも触れたように、江戸時代は、人々の働き方が一気に多様化した時代である。社会や経済の発展が新たな職種や働き口を生み出すようになり、雇用する側と働く側の関係も大きく変化していった。そこで改めて、中世と近世では「働き方」において何が異なるのかを整理しておきたい。

中世においては、人々が、自ら選んだ仕事に従事し、その労働に対して報酬を受け取るという働き方はあまり一般的でなかったといえる。もちろん、当時の人々も何らかの職業を持っていた。しかし、都市に生まれたとしても、仕事を変える自由度は低く、親と同じ職業に就くなど目の前にある仕事をやるしかなかったであろう。中世には、商品流通に携わる商人や商品加工を行う職人などの職業者は増えていた。しかし、食品などの生活必需品を除いては、地方の産物や商品原料が都である京都などに運び込まれ、都市富裕層が消費するという一方通行の流れが中心であった。商品を購買して消費する層が限られるため、おおむね商業や加工生産の規模は小さかった。当然、工場制的な生産は始まっておらず、せいぜい親方と弟子が一緒に作業する程度である。さまざまな職人の姿が和歌と共に描かれる「職人歌合《うたあわせ》」という絵画ジャンルが中世には発展するが、それに登場する職人の弟子たちは、家族や親類など身近な存在を中心としたはずである。室町時代になると都市部では、既製商品を店に並べて販売する方式も行われ始めるが、高級品については依然として受注生産の方式がメインであり、広い販売網も必要とされなかった。このような理由からみても、中世の商人や職人のほとんどが小事業主的で、おおむね家族経営の規模に収まっていたといえる。その段階では、労働契約や貨幣による報酬のやり取りは不可欠だったとはいえない。

なお、都市の上流階級の邸宅では、掃除や炊事といった生活労働を担う召使が雇われていたはずである。しかし、召使を置くことのできるような層は限られていたし、金銭で雇用された召使ではなく、隷属的な立場に置かれた下人《げにん》が生活労働を命じられることが多かった。そのため、この分野においても雇用労働市場が成立していたとは言い難い。

一方、農村の農民においては、程度の差はあれ、その多くが社会的・経済的強者の従属下に置かれていた。社会的・経済的強者とは、荘園領主や戦国大名、それに連なる地元の有力者層などである。室町時代以降は、そうした権力から一定の自立性をもつ自治的組織である「惣村《そうそん》」も生まれてくるが、一部に限られていた。そのような社会において、領主層は、農民に貢租を納めさせることができるだけでなく、強制的に労働に使役することもできた。力の上下関係が前提としてあるため、働かせるのに報酬は必須ではなかった。領主層は、農民に対し、遠隔地へ荷物を運搬させるとか建物の建設に従事させるとか、領国支配に関するさまざまな労役を課した。

農民が置かれていた従属関係には強弱があると述べたが、もっとも厳しかったのが、特定の家への隷属が定められている下人である。下人の立場は世襲され、親が下人ならその子も下人となった。奴隷といっても差しさわりがないような存在である。そうした下人については、森鷗外の小説『山椒大夫』(または「安寿と厨子王の物語」)を思い浮かべてみると分かりやすい。音信不通になってしまった父を探すために旅する途中、子供二人は人買いに騙されて地方の富裕者のもとに売られ、その家で過酷な労働に従事させられる展開である。主人に隷属させ使役することを目的とする人身売買は中世を通じて行われたが、江戸時代には、幕府や藩による規制も発せられるようになり〈元和二〈一六一六〉年には人身売買を禁じる幕府法令がでている。法的規制の強化には、織豊期以降、奴隷として外国へ送られる日本人が増加したことも関係しているとみられる〉、「表面化」はしなくなる。

中世においては雇用労働の機会が限定されていたと述べたが、例外といえるシチュエーションがあった。それは戦のために兵を集めることである。戦国大名の兵力は、家臣がその又家臣を召し連れ、さらにその家臣が従者を召し連れるというように、主従関係のピラミッド型構造をもとに召集された。しかし、大規模な戦が予想され、兵力の不足が危惧される時には、報酬金を示して兵を募り、下級兵員として従軍させることもみられた。ようするに傭兵である。こうした戦国時代の徴兵システムの名残りをひいて、江戸時代に入っても武士の最下層部においては、金銭で雇用される傭兵的なシステムが採用され続けることになる。武家奉公人である〈第四章参照〉。

概観したように中世においては、ある程度の裁量権を持つ自立的な商人・職人・農民が生まれてきている一方で、社会的支配下に置かれた農民や隷属的な立場に置かれた下人など呼ばれる諸存在も広範にみられた。後者においては、給金や現物による報酬を介することなく、主人から力による支配を受けて種々の労働に従事していた。それなのになぜ逃亡しないのかというと、逃亡しても受け入れてくれるところがなく、生きていけないからである。そうした状況が江戸時代には大きく変わる。人身売買や隷属関係の縮小は雇用労働の展開につながっていく。ゆえに、日本史上における雇用労働の本格的幕開きは江戸時代にあると言って差し支えないのではないかと考えるのである。

†身分の違いと「生活スタイル」

ここで、江戸時代の雇用労働について理解していくうえで前提となることがらについて触れておきたい。

「身分制社会」という言葉のイメージからか、江戸時代には、武士が自分たちの特権的立場を維持するために、農民・職人・商人を下位の序列に縛り付けていたと解釈されることがある。それはある面当たっているものの、本質とはいえない。身分ごとに務めるべき職分、役割を定めてそれに専念させ、社会を安定的に維持することに第一の目的があった。武士は敵から地域や町を守るという軍事的な任務を果たし、農民は食糧生産等を行う。職

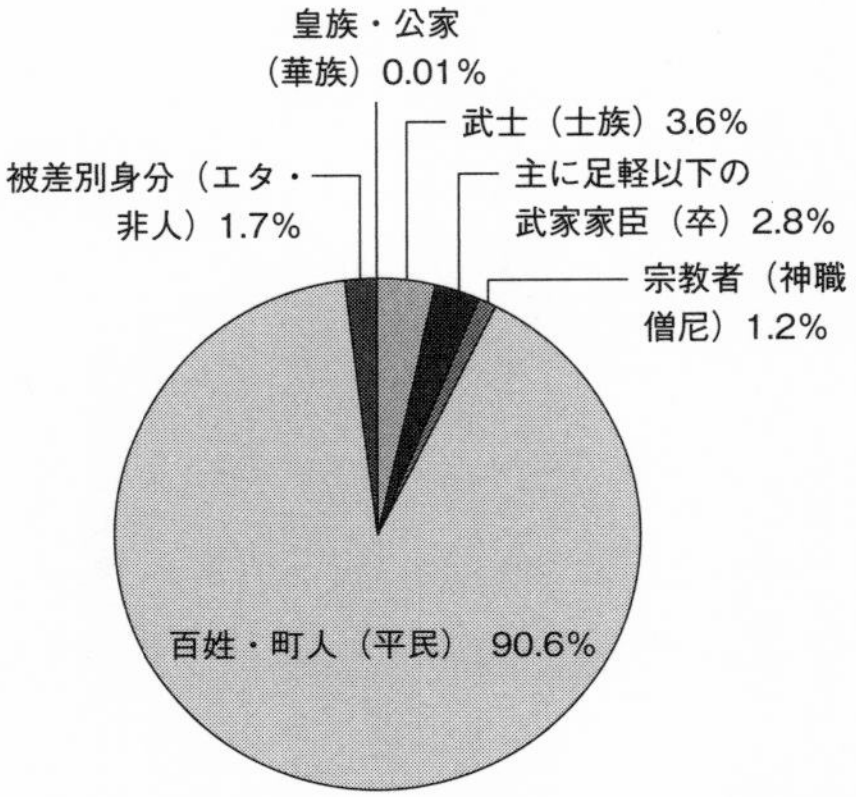

図1　明治初年の調査から推定される江戸時代末の身分別人口割合
（関山直太郎『近世日本の人口構造』吉川弘文館、1958年、等による）＊全人口約3300万人。うち、町人の割合は全体の6%程度と推測されている。（　）内は典拠資料における表記。

人は農業生産物以外の諸商品を生産、提供し、商人は商品を生産地から消費地へと移動させて消費者に提供する。それぞれ「働き方」が定められ、固定されていたことになる。

　なお、江戸時代の身分は、正確にいうなら「武士」「百姓」「町人」「宗教者」に大別されていた。農民・職人・商人という、生業の性格を直接的に言い表す語は、当時から使用されていたが、身分呼称ではない（図1）。

　身分の区別において居住地は重要な意味をもった。武士は原則的に、城下町の武家地と呼ばれるエリアに住んだ。城下町は身分制の機能をふまえて設計された都市であり、武家地は主君が居る城郭に近い場所に配されていた。武士は、苗字を名乗り、帯刀《たいとう》（大刀と脇差を差すこと）する特権を持った。また、諸身分から貢租として米穀・金銭を徴収して取得する権利を持っていた。その点で他の身分に優越したといえよう。一方、宗教者には、最初に思い浮かぶであろう僧侶や神職のほか、現在では極めて珍しい存在となった修験《しゅげん》や陰陽師《おんみょうじ》なども含まれる。彼らは、寺院や神社といった宗教施設地に住んだ。原則的には、所属する宗教組織から僧正・禰宜《ねぎ》といった宗教的地位を与えられており、その地位に即した身なりをする。このように考えると、武士と宗教者は、外観からその職分を判別できるような性格を持たされたといえる。ちなみに、宗教者が果たすべき役割は第一に、江戸幕府体制の安寧を神仏に祈ることであった。宗教者は、誰かに雇われて働くということはないが、誰のために活動しているのかというと、まずは徳川将軍家のため、次に人々のためという順番になる。

そうした武士や宗教者と違い、百姓と町人は見た目で判別することができない。「村」に居住する者が「百姓」であり、城下町などの大きな都市（「町《まち》」）に住む者が「町人」であるだけだからだ。なお、ここでいう「町」「村」とは、幕府や藩が決めた行政区分を指す。江戸・大坂を含めた幕府や大名の城下町は「町」で、それ以外は「村」となった。ただし、「横浜町」（現神奈川県横浜市域の一部）のように、城下町でなくても地域経済の核となるような繁華な地は「町」とされることもあった。

町人や百姓の生業は、場所によりさまざまである。当然ながら、町人には商業従事者や職人が多いだろう。しかし農業従事者もゼロではない。逆に、百姓だからといって農業従事者とは限らない。たとえば、江戸の周辺に位置する巣鴨村（現東京都豊島区）や渋谷村（現東京都渋谷区）は、行政区分のうえでは「村」だが、半農半商の地域であった。また、漁師や杣《そま》（木こり）といった、第一次産業には入るが非農耕従事者も「村」に住み、身分は百姓となる。百姓は「村」に住まなければならないだけで、職業が決められているわけではない。

また、江戸時代の人々の大多数（八〜九割）が百姓として村方で生活していたのは事実だが、彼らは自給自足の生活を送っていたのではない。何らかの手段で銭を得て、何かを買って消費しており、銭と無関係の生活を送っていた百姓は皆無のはずである。身近にない商品を銭で買うことができるということは、生活の向上を意味する。よって銭を得るためにも、働き方の多様化は絶え間なく進んだといえる。

なお、幕府や藩は「町」「村」を単位に庶民を管理していた。定期的に戸籍調査＝「人《にん》別改《べつあらため》」を行って住民情報を確認した。人別改では一戸ごとに戸主ならびに家族全員の名前と年齢が把握された。調査を実施するのは名主・組頭《くみがしら》といった村役人で、情報の脱漏があれば責任を問われるので村内くまなく調査し、調査台帳は厳重に保管された。人別帳には、それぞれの百姓が所持している田畑の面積や石高（その土地の生産高）のデータが加えられたり、漁師・猟師・大工などの稼業が書き添えられたりすることもあった。そうした記録があるために、当時の村に、農業専従者のほかどのような職業者が住まっていたのかを知ることができる。

ただ、百姓でありながら農耕を行う者が減少すると、幕府や藩にとっては年貢収入の減少に直結してくる。百姓が漁師や大工として稼ぐ場合にも課される税はあるのだが、農耕を行うよりもそうした職業に専念する方が手元に残る収入が多いこともあった。江戸時代後期になると幕府や藩は、農業をなおざりにして、農間余業《のうかんよぎょう》と呼ばれる副業を主たる生業としていく百姓が増加する状況に危機意識を抱くようになる。

余業という言葉が示す通り、百姓は、本分である農業の合間に収入を補足する仕事をすることも許されるという建前であった。しかし、社会の発展とともに各種の需要が高まり、余業に百姓が惹きつけられていく。農間余業には、大工・鍛冶屋・紺屋《こうや》（染物屋）といった農村社会にも不可欠な職人的業種もあるが、酒屋・質屋・髪結《かみゆい》・宿屋・湯屋・居酒屋といった、村外から仕入れた商品を小売販売する稼業や、サービスを販売する稼業も見られた。第一次産業から第二次産業や第三次産業へのシフトが農村部でも起こるようになっていくのである。

また、人別登録された村から半年、一年と長期にわたって離れて出稼ぎを行うことも一般化していく。その場合、人別登録は村においたまま、江戸や町場へ移ることになる。江戸時代中期以降の出稼ぎは完全に、金銭による雇用契約である。関東地方やその周辺の諸国から江戸へ出稼ぎ奉公をする場合、多くは武家屋敷や商家の下働きとして雇用された。男性に限らず女性も出稼ぎをした。

江戸時代中後期に出稼ぎ奉公が容易となった背景には、交通路の整備といったインフラに関わる条件のほか、都市部の採用情報が地方にも伝わるようになったという情報社会の進展、出稼ぎの対価として得た貨幣を農村部でも一般的に使えるようになったという貨幣経済の発展等の理由がある。このうち、貨幣経済にかかる要因については、次々項で補足する。

なお、現在と異なるのは、こうして出稼ぎをして都市での生活に慣れたとしても、簡単には都市住民、すなわち町人になれない点である。村方人別を離脱して町方の人別帳に登

図2　繁華街を行き交うさまざまな身分の人々（『江戸名所図会』1、国立国会図書館デジタルコレクション）
日本橋本町の薬種店（漢方薬材料を扱う）前の様子。商家の店員が接客をし、武士・僧侶・女芸人や子供などさまざまな属性の人物が通りを自由に闊歩している。江戸時代ならではの光景といえる。

録されるにはハードルがあった。住まいを借りさえすれば東京都民になれるのとは違う。しかし考えてみれば、戦国時代末に江戸城が徳川の城となったときには、江戸には僅かな人々しか住んでいなかったのに、江戸時代後期には町人人口だけで五十数万人にも及んでいた。江戸以外の地から来て住み着いた人が多数いたゆえに人口増がもたらされたと考えるのが自然である（図2）。なお、村方生まれであっても、町人と結婚したり養子縁組すれば町人になれた。いかようにも地方の百姓から江戸の町人に属性を変える抜け道はあったといえる。

†身分により固定化された「働く人生」

江戸時代の人々は、働く人生をどのように受け止めていたのだろうか。これも、身分によって異なっていた。

武士の場合、「幕府や藩の役職に就いて働く」というより「家臣として主家・主君のために尽くす」という忠誠意識が優先した。それは、第二章以下で述べるように、俸禄が、職務に対してではなく主家・主君への奉公そのものに対する恩恵として与えられたからである。主家へは個人ではなく「家」として仕える。よって、武士の子として生まれたなら、長男かそれ以外かで多少の違いは生じるものの、武士としての人生以外を思い描くということはまずない。武芸を磨き、学問を修め、一〇代半ばごろに元服して主君への初御目見《はつおめみえ》を済ませた後は、見習などとして、親と同じかそれに近接する役職を務めて経験を積んでいく。その後、親が隠居したり死去したら家督を継ぎ、「家」の代表者になった。武士の致仕《ちし》（役職から引退し隠居する）年齢には、七〇歳という一つの基準はあったが、健康状態等によりそれよりも早く引退を選択することもできた。よって家督継承の時期は人により異なるが、三〇〜四〇代の壮年期となることが多かった。

武士にはもちろん立身出世を目指すという道もあるが、武家の家格制度の枠組みのためにどうしても限界があった。よって大多数は、「家」を構成する各要素、「家名」・「家系」・「家産」を、欠けたり減らしたりすることなく次世代に引き継ぐことを最重要視するようになる。そうなると次第に、自分の損得や保身を第一に考える風潮も生じていった。上役にへつらい、とかく波風が立たないように行動することばかりを心掛ける者も多かった(高野信治『武士の奉公　本音と建前』)。忠義と信じて主君に意見して、万が一「家」が傾くようでは元も子もない。夢がある仕事人生ではないが、武士にはそれなりに生活面での安定性はあった。

一方、百姓は、百姓という生き方を「家職」と、彼ら自身捉えていた。武士という職分があるのと同様に、百姓には百姓の職分があるという世界観である。よって、武士と変わらず、百姓の「家」を次世代に受け継いでいくことが最も大切にされた。しかし、武士がその働きぶり如何にかかわらず毎年決まった禄を受けられたのと違い、百姓は、労働の成果としての農産物等がなければ収入に結び付かない。

百姓の子として生まれた「悴」は、一〇代になると若者組という同年代の青年が加入する組織に入る。そこで地域の慣習やルールなどについて学んだ後、村の構成員の一人となった。その後は、親や周囲の人々から農業の技術などを学び、経験値を深めて、百姓の「家」を支えられる人間として成長していく。やはり、親の隠居と同時に「家主」の地位を譲られた。百姓においては、個々の才覚・器量の違いが収益の違いをもたらし、家の盛衰と結びついていた。努力し、工夫して生産力を増せば、より豊かになれる。武士が「家」の現状維持に腐心したのとは異なり、百姓は、より富貴となって子孫にバトンタッチすることが十分可能だった。もちろん、逆のケースもあり得る。だからこそ、勤勉を貴ぶ労働観が庶民層に培われていったのである。また、個々の才覚・器量が重視されるゆえ、長男が「家」を継ぐという原則は立たなかった。この点は商人でも同様である。百姓の「家」では、男女ともに労働に従事し、家事にも従事した。武家では、男性は主に屋敷の外で働き、女性は屋敷内の仕事をするという分業がされたのに対し、百姓では、農業労働にも家事労働にも男女の分担があるという形であった。江戸時代後期の百姓の女性は、商品として販売するために養蚕や機織りをし、その他の賃稼ぎにも従事しており、農家経営を拡大していくうえでの重要な担い手であった。

百姓は、耕地で何を栽培するか、何で収入を増やしていこうとするのかを自身で決められる。住まいを村から移すことには制限があったが、小商売を始めたり賃稼ぎに出たりと、農業以外の収入を軸に暮らすことも可能だった。そのように考えると、百姓は、仕事を切り開いて働く人生であったとみることもできよう。

武士と百姓でこのような相違が生じた要因については、第二章以下で語られることになる。

†江戸時代の貨幣制度の発展

雇用労働の展開と密接な関係にあるといえるのが、貨幣制度である。

日本では平安時代末期から、中国で鋳造され日本に輸入された中国銭を中心とする、貨幣の使用が広まった。室町時代には永楽通宝《えいらくつうほう》のほか、さまざまな種類の中国銭に加え、粗悪な私鋳銭や、摩滅したり破損した銭までもが流通するようになっていた。銭をめぐる環境の悪化により商取引の不安定化が進み、商取引の際にそうした悪銭の受け取りを拒否する撰銭《えりぜに》も横行した。統一政権の樹立を成し遂げた豊臣秀吉は、新たな通貨体制の構築をめざす。そして秀吉の政策を受け継いだ徳川政権下で通貨制度は画期的変化を遂げることとなった。

知られているように、江戸幕府は金・銀・銅（銭）の三貨制度を定めた。徳川氏は先に金貨・銀貨の制度を敷き、全国に通用する貨幣として発行した。慶長小判がその代表格である。金貨・銀貨の材料としては、江戸時代初期に最盛期を迎えていた佐渡鉱山や石見《いわみ》銀山などから産出された国産鉱物が用いられた。金銀貨の発行が、中央政権により大量かつ継続的に行われる時代に入ったのである（図3）。

銭貨については、開幕以降も戦国時代以来の使用形態が継続していたが、金銀貨の制度が整備されてくると、銭貨鋳造の必要性も認識されるようになった。そこで、多量に流通していた中国銭（永楽通宝を含め）の使用を停止し、寛永《かんえい》期（一六三〇年代）からは「寛永通宝」を発行して唯一公認の銭貨と定めた。金貨・銀貨・銭貨の三貨の交換相場が公定され、全国でいずれも使用できる体制が整えられた。

寛永通宝は「寛永」と冠されているが、江戸時代を通じて発行・使用された貨幣である。当初は銅製だったが、江戸時代後期になって諸国銅山の銅鉱生産が減少すると、鉄や真鍮を原材料として鋳造されるようにもなった。江戸時代前期には、金や銀という鉱物そのものの価値が貨幣の信用を支えていたが、このように江戸時代後期には、金貨・銀貨・銭貨とも信用貨幣として流通させるものがでてくる。

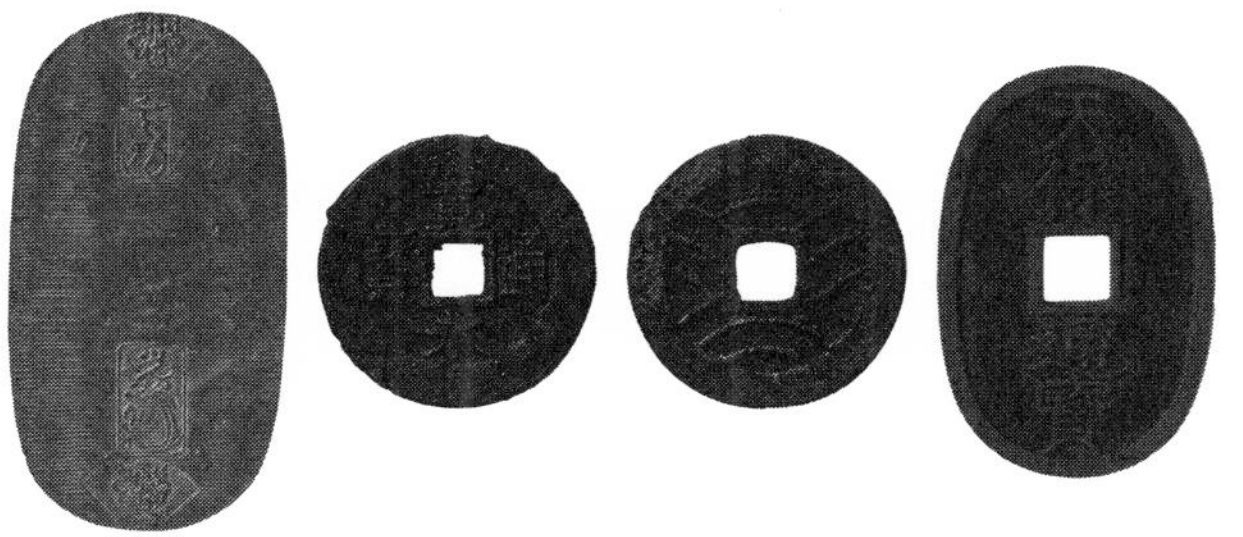

図３　江戸時代の貨幣
左から慶長小判、寛永通宝四文銭（真鍮）（表・裏）、天保銭　提供：日本銀行貨幣博物館

三貨のうち、金貨・銀貨は高額貨幣なので、贈答儀礼（将軍・大名らの間で節季に取り交わされる贈物などとして）や商人の商取引等に用いられ、庶民が日常使いするのは銭貨であった。ただし、金貨であってもいわゆる一両《りょう》小判（現在の価値に換算すると、一両＝一〇～二〇万円程度にあたる）ではなく、両未満の単位貨幣である一分《ぶ》金（一両の四分の一の価値）や一朱《しゅ》金（一両の一六分の一の価値）などなら庶民が使用する機会はあった。

幕府は、金貨を中心にたびたび貨幣改鋳を実施している。小判の場合、純金含有割合を下げて発行数を増加させたケースが大半である。改鋳の目的は、幕府が財政収入を補うために改鋳にともなう出目＝利益を得ようとしたとか、当時の貨幣需要にこたえるためであったなどと政治史や経済史的には説明される。それにより物価高など種々の問題が生じはしたが、人々にとってはおおむね、貨幣は使いやすくなっていったといえる。

貨幣の使用は、都市から農村部へと広く浸透していった。江戸時代に農村部において、農間余業と呼ばれる、百姓が商品を売ったりサービスを提供する稼ぎが成り立つようになるのは、全国に通用し、信用できる貨幣があってこそといえる。宿屋を営む百姓が旅客から受け取る貨幣が、その土地で使用できない貨幣であっては話にならない。なお、商家での年季奉公といった長期の労働契約に限らず、農村の日雇い労働においても、対価として(米穀などのモノでなく)銭が支払われた。百姓は、受け取った銭で問題なく物を購入することができたし、年貢を銭で納めることも場合によっては可能であったから、積極的に銭払いを望んだといえる。現在では至極当然のように行われている貨幣でのやり取りが、安心して行えるようになったのは江戸時代からといえる。雇用労働の変化に果たした貨幣の影響は大きかったといえる。

†貨幣の種類と「使い方」

先述したように、金貨の単位は「両」で、小判一枚が一両である。その補助単位として

「分」と「朱」があり、二分金・一分金、二朱金・一朱金の四種の、小判より少額の金貨が発行されていた。金貨は、貨幣に刻印されている額面で流通する計数貨幣である。それに対し銀貨は、重さを秤ではかって確認する必要がある秤量貨幣であった。丁銀《ちょうぎん》・豆板銀《まめいたぎん》など形状による違いがあり、単位は匁《もんめ》、主に西日本で使用された。銀貨は、目で見るだけでは価値が判明せず、不便であるため、銀使い地域では紙幣の使用が広がっている。幕府が定めたのは金・銀・銅（銭）の三貨だが、地域によっては紙幣（藩札・私札）が三貨の補助的機能を果たした。銭は、寛永通宝一枚が一文《もん》となり、金一両あたりの交換相場は銭四〇〇〇～六〇〇〇文であった。この相場は、時代によって変化した。金一両の現代の価値から換算すると、銭一文は三〇円程度の感覚となる。江戸でそば一杯が一六文だったとされるが、五〇〇円程度ということである。

江戸時代後期には、素材鉱物の価値以上の額面を有する信用貨幣が発行され始めると書いたが、銅製ではない寛永通宝のほか、銀素材で鋳造されているものの金貨の「一分」や「二朱」として通用する金貨単位計数銀貨が発行されたり、一枚で四文の価値を持つ「四文銭」（寛永通宝だが、裏が「青海波《せいがいは》」模様になっている点で区別される）、一枚で一〇〇文の価値を持つ天保《てんぽう》銭（小判形で、中央に寛永通宝と同じく四角の穴が開いている）が発行されるようになった。そば一六文くらいならよいが、数十文、数百文する商品の代金支払いには不便さがあったはずで、それはある程度、解消されたはずである。

庶民層が日常的な買物などで使用した貨幣は銭であったが、町人が一年契約で商家へ下男奉公に出る際などの給金は金三両などと定められた。庶民は銭を使うから、給金は銭一万五〇〇〇文ということにはならないのである。だからといって、給金三両を支払ったと書いてあったとしても、小判三枚を渡すということはおそらくなく、一朱金や二朱金等を取り交えて渡したのではないかと考えられる。なぜ小判で渡さないのかというと、小判では店での支払いなどで受け取ってもらえないからである。たとえてみるなら、平成二(一九九〇)年に天皇の即位記念として一〇万円金貨幣が政府から発行されているが、その記念貨幣で給料全額が支払われるという想定に近い(コレクター市場における買取はないという仮定にしておく)。スーパーやコンビニ等で買い物をした際にそれを出しても、やんわり断られるのがオチだろう。お釣りが出ないし、本物かどうかその場で判別できないからである。第二章以降で給金の額面の話が何度も出て来るが、金一両とあっても一両小判を手にしたのではないであろうことを予め理解しておきたい。

武士の給金は、町人や百姓の給金と比べて高額になるので、小判を含めた金貨で渡されたとみられるが、武士も銭で日用品を買うので、銭は必要である。ゆえに、給金の支払いに銭が交っても困ることはないはずだが、意外な支障もあった。幕末期に旗本の娘として少女時代を過ごした今泉みねという人物の回顧録である『名ごりの夢』(平凡社、二〇二一年)には、洋学者の宇都宮三郎が幕府の開成所《かいせいじょ》からある時に受け取った給金が、天保銭のみで支払われており、風呂敷包があまりに重かったために、途中の焼き芋屋で投げ出して立ち去った、と聞いたという話がでてくる。天保銭を風呂敷でまとめるなら二〇〇〜三〇〇枚は包めるだろうか。それなら重さは四〜六キログラムにもなる。お金に頓着しないという宇都宮の奇人ぶりを示すエピソードとして語られているのだが、男性でも持ち帰るのが嫌になってしまう気持ちもわからなくはない。

見えにくいのは、稼いだお金を使う場合も同じである。江戸時代には家計簿をつける人もふえ、武士も商人も百姓も、何日に何の商品をどれだけ買って、その価格がいくらだったのかを記録するようになった。しかし、銭三〇〇文と書かれてあるからといって、売った商人にその場で三〇〇文を支払ったのかというと、そうとは言えない。相手が馴染みの商人なら、月末か年末のつけ払いにすることも当時の商慣行として可能であった。また、当時は貯蓄銀行がないので、有り金をみな、家のどこかに保管していたはずだが、その

「金庫」管理の様相もさっぱり分からない。個々人のレベルにおけるお金の使用をめぐる環境を復元するのはとても難しいのである。

第二章　武家社会の階層構造と武士の「仕事」

†武士のなかにある「序列」

第一章の総論をふまえて第二章以降では、諸身分における「働き方」について順番に紹介していく。

最初に取り上げるのは武士とした。江戸時代というと、誰しもが刀を差した「サムライ」を思い浮かべるであろうし、武士は江戸時代の社会を特徴づける存在だからである。武士は、上位身分として、町人・百姓より制度的に保護されていた。そのため「働き方」「生活の糧の得方」も独特であった。現代人の感覚からすると、驚くべき点が多々あるのも武士である。

武家人口（武家当主とその家族を含む人口）は、全人口の七％程度を占めるにすぎなかったが、その内部は、武士の棟梁たる徳川将軍から末端まで、驚くほど多くの身分階層からなっていた。人口の大半を占める百姓は、貧富の差はあるものの、身分階層としては、名主・組頭などの村役人層と一般の本《ほん》百姓、土地を持たない水呑《みずのみ》百姓に分かれる程度に過ぎないが、それに対し武士は、幾層もの序列が強固に存在する序列社会であった。

その序列の構造は、戦国時代が終わって江戸幕府体制が確立された頃の、徳川将軍家臣団や大名家臣団内における立場が反映されて固定した。下位の者が上位の者を追いやる下《げ》剋上《こくじょう》がおこることのないように、そして、主君をピラミッドの頂点とする秩序だった命令系統が維持されるように、その枠組みは容易に変更できないようになっていた。福沢諭吉《ふくざわゆきち》は〝門閥制度は親の敵《かたき》〟という言葉を残しているが、福沢が忌み嫌ったのは、武家社会に存在したこうした階層社会である。

序列の構造は、徳川将軍家臣団（幕臣）か、大名家臣団（藩臣）かによって様相は異なる。また、同じ大名家臣団でも、加賀前田家や薩摩島津家のような、現在の都道府県に匹敵するエリアを領した大大名家と、ほんの一〜二万石程度の領地（現在の市町村程度の広さ）を治める小大名家では構成が違う。しかし、共通する原則のようなものはある。

図４　「武士」と「武家奉公人」（「御大名行列之図」〔部分〕、国立国会図書館デジタルコレクション）
幕府要職者の屋敷を訪問する大名・旗本の行列が描かれている。供のうち、裃や羽織袴を着用している人物は武士（本文中の①・②）で、その他は③「足軽」や④「中間・小者」である。

家臣団の階層は、大きく四層に区分できる。①真正の「士分」と、②「徒《か》士《ち》」と呼ばれる准士分、③「足軽《あしがる》層」、④「中間《ちゅうげん》・小者《こもの》層（武家奉公人層）」である（図4）。一般的に、武士と聞いてイメージされる存在は①と②にあたる。武士らしい特権を与えられているのも①・②である。ちなみに人数比でみると、①・②は家臣団の半数程度である。つまり、武士としての諸特権を享受できるのは全人口比で約三〜四%とさらに限られていることになる（第一章図1参照）。これから触れていくトピックは、そのような少数派の話であることを予め断っておきたい。なお、③「足軽層」と④「中間・小者層」は、①・②と異なる点が多いので詳細は第四章に譲りたい。

四階層で何が一番違うのかというと、武士の「家」に付随する権利を血縁者等に継承できるかどうかという点である。①は完全に保証され、②では、継承権がある場合とない場合とがある。③・④には継承権はなく、原則としては一代限りの採用であった。武士の家を継承する＝家督を継ぐということは、現代社会で行われている相続のように動産・不動産を相続したり、お墓を守るなどの祭祀を引き継ぐだけではない。主君との主従関係と、それに付随して与えられている地方知行《じかたちぎょう》・俸禄受領権も継承することを意味する。

†地方知行制と俸禄制――武士の「収入」の方式2タイプ

家臣団の最上位に位置する階層である①「士分」に対しては、地方知行または俸禄米が宛がわれた。おおむね、①の上層には地方知行、中層以下には俸禄米となった。地方知行とはようするに、領地が与えられるということである。大名が徳川将軍から領地（領知）を与えられているのと同様に、大名家臣の上層は、大名から領地を与えられた。彼らの多くは、戦国時代においては、数ヶ村程度の小地域を実力支配する小領主であった。小領主は戦国大名に服従を誓い、その代わりに自分の支配する土地の安堵を認められていた。つまり戦国大名とは、多数の小領主を率いる武士団の首領に他ならない。徳川家も然りである。だから、徳川の世となっても、大名は彼らの所領に対する権利を追認しなければならなかった。

家臣の知行は、検地《けんち》が実施された領域であれば「石」でその全体量が表現されるシステムとなっていた。地方知行一〇〇〇石取は、一年に米一〇〇〇石（＝一八万リットル）が収穫できる「計算」になる土地を領地として与えられるということである。俸禄米が与えられる場合は「俵」で示され（藩によっては形式的に「石」表示になることもある）、蔵米一〇〇俵取ならば、主君からその家臣へ、毎年一〇〇俵の米が渡されるということになる。

地方知行一〇〇〇石だと、村二つ分程度が領地となった。江戸時代の村の範囲は、現行住所表示の「大字《おおあざ》」にほぼ相当すると言えば、その広さが想像できるだろう。地域や場所柄により違いはあるが、一〇〇〇石なら百姓が一〇〇軒以上はあるはずで、その百姓から知行主であるところの旗本や大名家臣は年貢を徴収する。法的権限に多少の制約はあるものの、領主として土地と人民を支配することに変わりなかった。年貢率を決定する権利も持っていた。江戸時代の諸領主が課す年貢率は、基準収穫量比で四〇％から五〇％が標準だが、率を上げれば上げるほど当然、収入は増加することになるため、それ以上の数値を設定する地方知行主もいた。自分の思うように領地を支配できるメリットはあるものの、ともすれば苛政《かせい》が行われやすかったといえる。実際、幕府旗本や大名家臣の知行所では、百姓が領主から無理難題を強いられるケースが後を絶たなかった。支配対象が限定されている分、自分本位な命令が発せられやすいということであろう。

しかし、領主層の利益ばかり追求すれば、村は荒廃してしまい、そのつけは自分自身に跳ね返って来る。また、凶作年は収入が減ってしまうことを免れない。そのような点をふまえると、地方知行の支配は決して安定的ではなかった。自己裁量で領地を差配する地方知行主は、現代風に捉えれば、不動産経営を行う自営業者のような性格を持っていたといえよう。ただ、知行主は、百姓に対して身分制に基づく圧倒的な権力があり、それを背景に支配が行われる点は根本的に異なる。

大名領（藩領）は、家臣に与えられる地方知行地と大名の直轄地とが相交じって構成されていた。藩によって状況は異なるが、江戸時代中後期でいえば直轄地の方が割合として多い。同様に、徳川将軍家にも旗本知行所（旗本に与えられる領地）と直轄地（幕府領）があり、直轄地には郡代・代官などの役人を配置して、統一的な支配が行われた。直轄地支配にあたる郡代・代官は最終決定権者ではなく、その上の、幕府や藩が定めた基準などに基づいて統治が行われたため、地方知行主が強いたような無理も行われにくかった。

大名領であれば、直轄地の村々から徴収された年貢米は、城下町にある藩の蔵に納められる。何棟もの蔵が立ち並ぶ巨大倉庫である。その米が大名の生活費となり、さらに知行を与えられない「蔵米取《くらまいどり》」の家臣に俸禄として渡されるしくみとなっていた。よって、地方知行の家臣と異なり、蔵米取の家臣には毎年、同じ量の米がサラリーとして支給されることになる。その安定性は魅力的にみえる。しかし、〝自分の所領を持ってこそ武士〟という意識が中世以来刷り込まれていたために、蔵米取のステータスは低かった。そのため蔵米取は、中・下層の武士に適用される宛行《あてがい》形式とされた。

このように武士の「家」には、地方知行の宛行を受ける権利、または俸禄を受領する権利が必ず付随した点を再確認しておきたい。個人に対してではなく家に対して与えられるのであり、深刻な失態等がなければ数世代にわたり減額される恐れはない（藩によっては、財政上の事情により藩士一律に減額されることはあった）。つまり武士（①「士分」・②「徒士」層を中心に）は、子々孫々まで「ベーシックインカム」がほぼ約束されているのである。そうしたしくみこそ、武士の特権の最たるものといえる。明治前期には西日本を中心に不平士族による反乱が相次ぐが、彼らが抱いた「不平」に最も大きなインパクトを及ぼしたのは秩禄処分《ちつろくしょぶん》（俸禄制度の廃止）であったことは間違いない。

†武士の「家」と勤務の意識

ではなぜ武士は、そうした地方知行や俸禄米を「無年限」に受け取れるのだろうか。それは、主従制に基づき、主君へ奉公をするからである。その奉公に属する諸活動が武士の「仕事」ということにもなる。地方知行や俸禄米と引き替えに職務を行うので、一見、雇用労働のようにもみえるが、本質はまったく異なる。契約ではなく主従関係の論理に基づいて対価の交換は行われている。

しかも、武士の「家」に属する諸権利は、①「士分」においては、ほぼ何らの査定もなく継承することが認められていた。親から子への世襲が一般的だが、親子間でなくとも構わない。兄から弟へ渡してもよいし、遠い親戚に渡っても構わない。どのような場合であっても、誰かへ家督は引き継がれた。ただし、男性に限られる。実際のところ、子に恵まれなかったり子が成人しないで亡くなってしまうことも多かったが、その場合は養子が迎えられた。

つまり、武士の家の継承は血統主義によるのではなく、あくまで主従関係における家臣というポジションと権利の譲渡なのだといえる。家督には、地方知行や俸禄という「収入」が伴っているので、希望する人物はいくらでもいた。武士の次男坊や三男坊に生まれた者は、養子に行くことがなければ、実家で一生〝冷や飯食い〟の境遇を強いられる可能性もあった。しかし、子に恵まれない家と次男や三男が独立できないでいる家と、双方の事情を抱える家がマッチングすることによって、武士の家は保たれていった。

ただし、養子などによって家督継承者の欠員を補い合うのは家臣団の上層・中層に限定される。先述したように、恵まれた「士分」は一部に過ぎないからだ。原則的に一代限り採用である③「足軽層」や④「中間・小者層（武家奉公人層）」では子供世代の採用は約束されていないので、身分に対するこだわり度は低下してくる。つまり、職務や境遇に不満があれば辞めてしまうこともあるということである。場合によっては、主家Aから主家Bへ移籍するということも可能だ。その代わり、彼らは序列も低ければ、俸禄額も低い。

なお、①「士分」では、自分からその立場を放棄することは原則としてできない（坂本龍馬など幕末期の志士は脱藩しているが、それは特殊ケースである）。主君への奉公を自分から辞めることは裏切り行為にあたるからである。好きなように生きたいなら、家督を子に譲って隠居するか、養子を取って相続させるしかない。浮世絵画家の歌川（安藤）広重は幕府の御家人であったが、画業に集中するためになんと二七歳で隠居している。才能ある人物にとっては、武士の家に生まれたことが却って足枷にもなったといえよう。

このように武家社会の構成員は、厚い待遇が保障されている代わりに忠誠を求められる①「士分」と、待遇は良くないが比較的自由がある③「足軽」や④「中間・小者」に分かれた。現代の会社のように、正社員のような立場の者とそうでない者とが交じって構成されていたといえる。

†「武」から「文」へ──武士の職分の展開

武士の本質は、文字通り兵である。大名は軍団全体を統率する大将であり、家臣はその軍団の構成員ということになる。諸大名は、徳川将軍に命じられたなら、家臣を率いて出陣しなければならなかった。幕府は「軍役令《ぐんやくれい》」を定めて、諸大名が日常的に召し抱えておくべき兵の人数を定めた。そのため、好むと好まざるとにかかわらず諸大名は、一定人数以上の兵＝家臣を常備しておく必要があったのである。それらの兵は、将軍の命令によって動員される兵であるのと同時に、大名を護衛し、居城や領内の各種施設を守る兵でもあった。

江戸時代の軍団は、騎兵を含む隊と歩兵隊とに大別される。騎兵を含む隊の隊長を番《ばん》頭《がしら》、歩兵隊の隊長を徒頭《かちがしら》といった。騎乗する兵は、ところによって名称は異なるが、馬《うま》廻《まわり》・与《よ》力《りき》などの階層名がつけられている。歩兵は、徒士や同心《どうしん》などである。武士の家を世襲できるかどうか、ボーダーライン上にある「②徒士」とは歩兵を指す。つまり、騎乗できる武士こそ、家督の継承を認められる、真の武士ということになる。

徳川の世に代わったばかりの頃は、まだ不穏な空気が流れており、城の警備にも気を張らなくてはならなかった。しかし、大坂城の豊臣秀頼が滅びると、さほど戦の心配をしないでもよいようになる。徳川の平和の世が訪れ、次第に重点を置くべき点が領内の行政へと移っていった。

実際、戦に勝てば領地を分捕ることができた戦国の世とは異なり、江戸時代には大名の所領の範囲がほぼ固定され、動かなくなったので、その中でいかに富を生み出すかを考えなければならなくなった。戦国時代には混乱のため停滞していた新田開発事業や治水事業を実施するようになったり、城下町を対象とした経済振興政策が行われるようになっていく。初期にはどんぶり勘定であった大名家の財政も、収支がしっかり把握されるようになっていった。

こうした行政を展開するには専門の担い手が必要である。どれだけ馬に上手に乗れようと、鑓の扱いが上手くとも貢献できないので、新たにそうした分野に通じた家臣が登用されていった。また、それまで城の警備にあたらせていた武士を配置転換して、新しい職務を担わせるようにもなっていった。つまり、武官だった者が行政官としての役割を果たすようになっていくのである。城や大名の護衛といった武士の本分に直結する役職群を番方《ばんかた》、行政役職を役方《やくかた》といった。幕末段階まで両方の役職群が存在し続けるが、次第に後者の重要性が高まっていく。

家臣の職分は、イメージするような行政の分野——徴税・法治・公共財の整備など——だけでなく、主君の「家」を支える職務にまで及んだ。主君の側近として日常生活のお世話をすることは勿論、主君の家族の生活全般に関わるサポートや、他の大名家と交際していく上でのサポート、幕府との友好的な関係を維持するために根回しをするなどもある。武士の「仕事」内容が、刀や鑓を携えて行うものより、筆や紙を手にして行うものにシフトしていったのである。

ただし、武士は兵であるとの原則があるので、軍団の組織をベースとしたまま行政役職への配置は行われた。格は番頭（＝騎兵・歩兵混合部隊長）だが、役職は町奉行というように、である。また、本来武官だったのが文官化したケースもある。幕府江戸町奉行所の与力・同心は、町奉行という上官に付属させられた騎兵（与力）と歩兵（同心）で、元来は、町人居住区に設けられた権力者の軍事拠点（番所）を守衛することが任務だったが、次第に、奉行所内で物書きを主務とする役職者に変じた。このようにして武士の「役人」化が進行していったのである。

†武士の学びと「役職」

戦で敵に立ち向かうことができる能力と、政治を行う能力は当然ながら大きく異なる。武家社会において建前と実態の乖離が進んでいくのに、教育の変化が伴わなかったところに、ひずみが増していく原因の一つがあった。現代は、義務教育を経て、高等学校、大学等で専門的知識や技術を学び、各自がやりたい仕事に就く。しかし江戸時代には、職種と結びつくような学びの機会はほとんどなかった。

武士の子は、一〇歳前後になると読み書きと剣術・鑓などの武術を学ぶ。武士なので武芸は必修だ。職務の現場でなんら役に立たなくても、武芸の腕前は評価の対象となった。

初めは家庭内学習を主体としたが、習熟度に応じて外部の塾や道場に通う。一〇代中頃には中国古典（『論語』『大学』を含む四書五経《ししょごきょう》など）や歴史書、和歌などの文学を学ぶようになる。この際、上層武士ほど学びが教養主義的になる。組織のトップに立つ家老などは、中国古典を通じて理念としての政治は学ぶものの、法制度や経済学はほとんど知らなかった。職務に就くに際して必要とされる最低限の知識や情報は、親や先任者に口伝で教えてもらうことになる。

秩序維持のために武士の階層序列は固定されたので、家老の子は家老、勘定奉行の子は勘定奉行に就任しやすい。城門の守衛を担当する中・下層武士も同じで、具体的な番の仕方まで親や同僚から教わった。職務情報が口承される仕組みに依存して武士の仕事は成り立っていたのである。世襲で家が継承されることともそれはシステム的に合致した。

江戸時代中期になると、口承のみに頼るのではなく、職務に関するマニュアル本が作成されるようになっていく。それは、親が自分の子のために残した文書から広がった。健康な状態で伝授できるとは限らないので、たとえ自分がなくとも困らないようにという親心を発端とするのであろう。そのようなやり方は、先例を踏襲するだけの状態、ルーティンワークのみでよいなら効率的であるが、時代の変化に伴い新たに現れてくる問題には対応しがたい。武士の世襲制度に支えられて行政が維持できたのはせいぜい江戸時代中期までといってよい。

江戸時代には、農学・数学・経済学・土木工学など、行政にも応用できる内容を持つ実学分野の発展がみられたが、それを貪欲に学んだのは下級武士や町人・百姓などだった。先述したように、武士上層ほど古典教養やマニュアル頼りで職務にあたっていたので、問題の解決方法が分からない。そこで、こうした分野に精通した人物を幕府や藩は登用し、実務に当たらせるようになった。有名な二宮尊徳《にのみやそんとく》（金次郎、一七八七〜一八五六）もその一人であるといえる。彼は、農政における手腕が認められて大名家、のちには幕府に登用された。武士社会内における序列は厳しいものだったが、行政を改善する手腕を認められた家臣には昇進の道が開かれたといえよう。こうして職務のスペシャリストが増加していく一方で、置き去りにされたのは、従来のあり方に拘泥する武士たちである。有能な人材を登用した分は家臣を減らすというわけにはいかないので、次第に、割り当てる職務がなくなり、仕事がまったく廻ってこない武士が増えていった。幕府ではこれを小普請と称したが、小普請は旗本の四割を占めた。彼らは、地方知行や俸禄による恩恵を受けているにもかかわらず、まったく日常的な仕事をしない武士である（ただし、幕府軍の待機兵としての役割は最低限果たしている）。仕事はあっても、組織によっては日々ルーティンワークの繰り返しのために目標もやりがいも乏しく、空気が弛緩していたゆえか、いじめやいびりが横行していた。主従制の伝統的論理ゆえに、彼らを召し抱え続けなければならなかった大名や幕府は、次第に財政面で立ち行かなくなっていった。武士の身分と職分をめぐる状況は、二六〇年間のうちに制度疲労を起こし、明治維新に繋がっていくことになる。

第三章

旗本・御家人の「給与」生活

†俸禄の実態

前章における武家社会の基本構造の解説をふまえて、第三章では、武士がどのように俸禄を支給されて生活していたのかを紹介していく。前章で述べたように、武士といっても幕臣と大名家家臣では違いもあるし、大名家家臣をみても、何十万石もの領地を与えられている外様《とざま》大名の家臣と規模の小さな譜代《ふだい》大名家の家臣では根本的な条件が異なるので、一概には把握し難い。そこで、徳川将軍の直臣である旗本・御家人の事例に沿って説明したい。旗本・御家人に対して行われた俸禄給与の方式は、当時のスタンダードであったと言えるものである。

旗本・御家人は、しばしば時代劇や時代小説の主人公にもなるので、なんとなくイメージは浮かぶだろう。旗本の方が上位身分で、年始・五節供の祝儀など正式な席で将軍に面会することができる。それを「御目見《おめみえ》」といった。また、家督相続の際に、将軍から直接認定を受けられた。御家人は、それらの権利がない将軍の家臣ということになる。

旗本と御家人の違い（御目見ができる／できない）と、将軍の家臣としてどのような俸禄形式になっていたのかは、実のところ対応していない。前章で触れたように、身分の高い武士ほど領地を与えられることになっていたので、旗本も上層は、知行所と呼ばれる領地を与えられた。しかしそれ以外は、年俸制で米（原則は米だが、金での代替支給分もある）を与えられる蔵米取となった。旗本の家数がおおよそ五〇〇〇家で、そのうち約半分が知行取、半分が蔵米取になっていた。

一方、御家人は、人数が一万五〇〇〇～一万八〇〇〇人ほどいるうち九割五分以上が蔵米取だった。御家人の最下層（人数にして四〇〇人程度）だけは給金取で、本給のすべてを現金で受領していた。つまり、江戸には二万人前後の旗本・御家人というサラリーマンが暮らしていたことになる。

蔵米取というなら、俸禄のすべてを米で受け取るというのが原則であろう。しかし実際には、蔵米の一部については金銭に換算して現金で支給されていた。江戸時代中後期にはその現金支給割合が増えていく。米本位で経済構造が組まれている江戸時代にあっても、次第に金本位経済化が進み、幕臣の給分についても現金中心に変化してくるのである。

その背景として、幕府領村々の百姓から徴収される年貢において、石代納《こくだいのう》とよばれる金納分の割合が高まっていた点が指摘できる。米や麦などを現物納付する際には、一〇〇キロメートル以上離れた遠方まで運ばなければならないことも多く、労力がかかるので、百姓は敬遠するようになっていた。また、農業経営の変化もあった。たとえば畿内では、より高い収入を見込めるために田んぼで綿を栽培する農家も増えており、田方の年貢は米納とする原則とは相容れられなくなっていた。そうした現実に対応するために、米の代わりに相当分の金銭による年貢納入を許可する石代納の適用範囲が拡大されるなど、租税制度も変えられていった。それらの結果、蔵米取の旗本・御家人は、俸禄の半分以上を金で受け取るようになっていったのである。

†幕府米蔵からの給付システム

変化がみられたとはいえ、米で与えられる分も依然としてある。(江戸居住の)旗本・御家人は、浅草御蔵と呼ばれた幕府の米蔵でその俸禄米を受け取ることになっていた。旗本・御家人の屋敷は広く（御家人では一〇〇～二〇〇坪あるのが一般的）、物置や蔵もあるので、保管スペースにかかる支障があるわけではないが、幕府から受け取った蔵米を屋敷へすべて運び入れることはせずに、札差《ふださし》（蔵宿《くらやど》）とよばれる商人に代理として受け取らせ、米を即時売却させて現金化した。こうした、浅草御蔵からの蔵米の払い出し方法や札差に依頼しての換金手続きを、順を追って確認してみたい。

現代の企業で年俸制だといっても、毎月分割して給料が振り込まれたりするのに似て、旗本・御家人の蔵米も、春季・夏季・冬季と一年三回に分けて渡された。冬季に全量の五〇％、春季と夏季に各二五％ずつという配分になっている。秋に各地で年貢として納められた米が、江戸の浅草御蔵に運び込まれてくるのが翌春なので、それまでに蔵のスペースを空けておく都合もあるから冬季の給付量が多いのだろう。

浅草御蔵は、現東京都台東区蔵前にあった施設である（図5）。隅田川に面しており、効率的に舟から米俵を下ろして蔵に入れられるよう、幾筋もの堀が切ってあった。まるで櫛の形のように見えるのではないだろうか。江戸時代の物流の中心は舟運で、米はほぼ舟で運ばれてくる。浅草御蔵は敷地面積約二万八〇〇〇坪と広大で、幕末期には六七棟の蔵

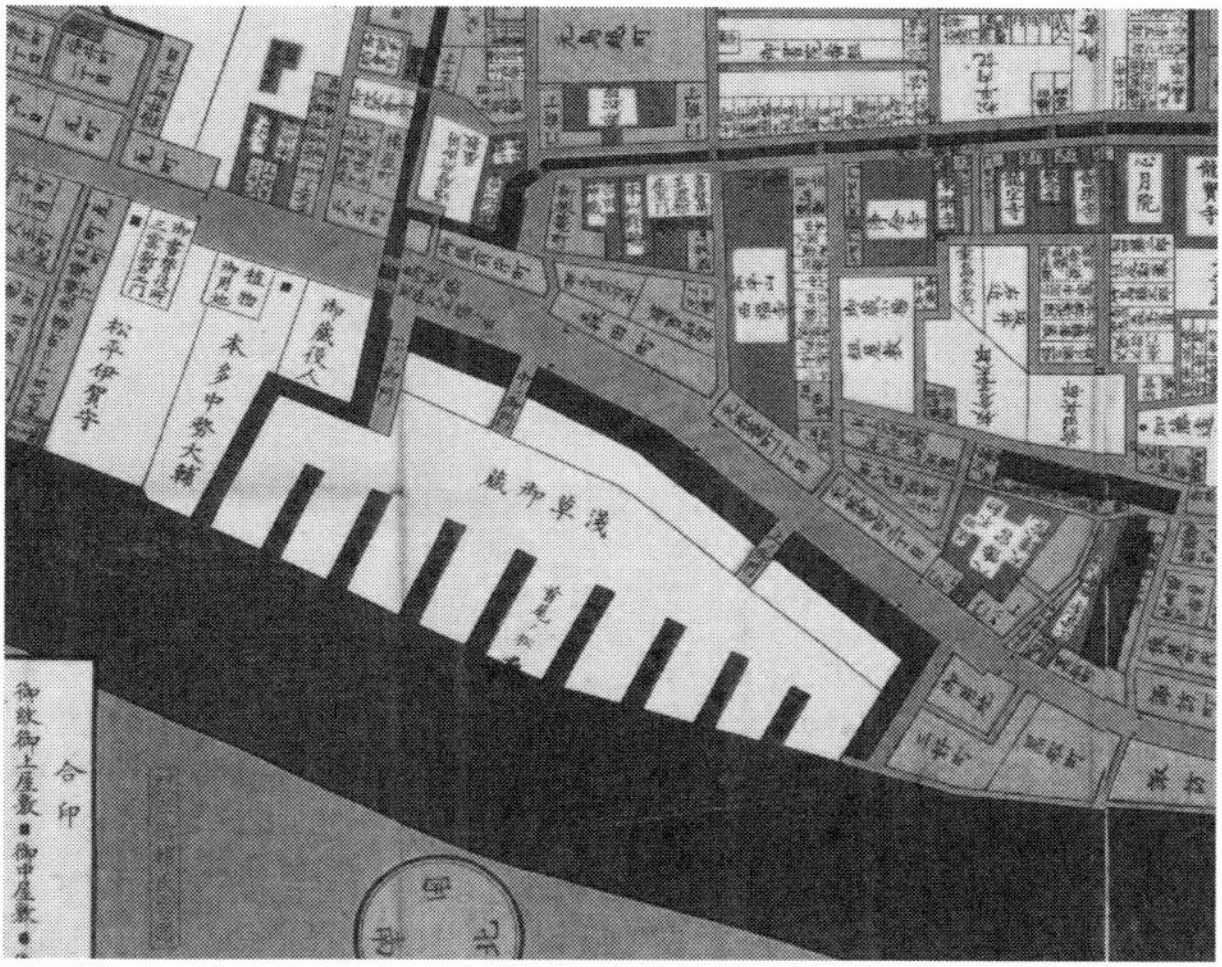

図5　浅草御蔵付近の地図（「東都浅草絵図」尾張屋清七版〔部分〕、国立国会図書館デジタルコレクション）
櫛形の一帯が浅草御蔵。浅草御蔵の近隣に札差の店は集まっている。

が建っていたとされている。この浅草御蔵には、主に関東地方と東海道筋の幕府直轄領の年貢米が納められた。大坂や長崎にも幕府の米蔵があり、その周辺諸国の年貢米が収納されていたが、浅草御蔵が最大規模だった。

　年三回の蔵米支給の時期が近付くと、江戸城本丸御殿の中之《なかの》口《くち》という、幕府役人が出勤する際に使用する通用口のような場所に「御《お》張紙《はりがみ》」が掲示された。「御張紙」には、蔵米取の旗本・御家人に対する俸禄給付における米・金の割合（例えば、春季分について「半分金」などと示される）と、切米《きりまい》（俸禄米）一〇〇俵あたりの値段が記された。この米の値段を特に御張紙値段といい、第一義的には、米を金に換算して給付する際に必要な数字なのであるが、同時に、幕府の公定米相場としての性格も帯びていた。

江戸後期には、蔵米のうち金に換算して給付される割合は、半分から三分の二にものぼっていた。蔵米一五〇俵取の旗本なら、五〇俵が米で給付され、残り一〇〇俵分は、御張紙値段による換算比率（江戸後期には米一〇〇俵あたり金四〇両前後）に拠って金四〇両を受け取るという具合である。御張紙値段は幕府が政治的な意図をもって決定しており、江戸時代中後期には概して市中の米相場より低かった。そのため、現金での給付割合が増えると収入全体としては目減りしてしまうことになった。

「御張紙」が出ると旗本・御家人は、蔵米受領の手続きを始める。まず、各自把握している受取米額を確認して、その額が記入された請取書書式を作成する。自分を差出人、切米手形改《てがたあらため》（書替奉行《かきかえ》）を宛所にし、米〇俵を受け取ったとの文言が入る文書である。これを所属する組織の上司に提出すると、頭または支配と呼ばれる組織の長のもとへ送られた。頭・支配は、「表書のとおり蔵米を御渡しくだされたい」との旨を紙背《しはい》（紙の裏）に書き、押印した。つまり、表の文書形式は請取書だが、裏書によって、蔵米の請求文書としての機能を持つようになる。これを「切米手形」といった。

申請した本人は、手元に戻ってきた手形を浅草御蔵近くにある御書替役所に持参する。御書替役所では、記載されている俵数と諸記録類にある数字の突き合わせや、押してある印鑑が間違いないものであるかの照合が行われる。確認が済むと、切米手形改から蔵奉行（浅草御蔵の米の出納を司る責任者。勘定奉行の配下）宛にて、証文の内容に間違いがないことを証明する奥書《おくがき》が追記された。切米手形が蔵奉行へ渡ると、蔵奉行の配下に指示がなされ、ようやく米が払い出された。

旗本・御家人は、上司から切米手形を戻してもらうところまで自分で行い、それ以降の手続きは札差に委託するのがふつうである。受領した蔵米はほぼすべて換金することになるので、米仲買商とのパイプを持つ札差に、浅草御蔵からの受け取りをはじめとする一切を任せた方が効率的だからである。

江戸市中に流通する米は、その「出元」によって扱う商人が決められており、旗本・御家人の蔵米は、札差から河岸《かし》八町米仲買仲間（米仲買業者の一グループ）に属する日本橋の米仲買に売られ、さらに市中の米小売商に卸されて消費者（主に町人）に販売されることになっていた。切米手形には米の俵数しか書かれていないので、どこ産の、どのような品質の米が渡されるのかは分からない。札差は米商売のプロなので、代理受領するとただちにその米の商品価値を判断して、仲買への売却手続きを進めた。現物の米を移動させるのは後日となろうが、書面上の取引はわずか数日のうちに済ませて、旗本・御家人へ米代金を渡せるようにしておいた。

旗本・御家人の側からすると、裏判の済んだ切米手形を札差に送っておけば、数日後に連絡が来るから、米の売却代金を受け取りに行きさえすればよいということになる。札差は、一連の手続きを代行する手数料を旗本・御家人から受け取った。額は、米一〇〇俵につき金一分程度（売却金額の一％程度）である。

手数料は意外と大した額ではないことに気が付くだろう。実は札差は、この手数料で利益を上げていたのではなく、旗本・御家人を対象とした金融で儲けていた。旗本・御家人がまとまった金を必要とするとき、彼らには質に入れる土地もないので、蔵米を担保にして札差から金を借りたのである。来年には必ず蔵米の引き渡しがあるので、手堅い担保といえる。しかし、蔵米をあてにして金を借り続ければ元利が雪だるま式に膨らんでしまう。多くの旗本・御家人が、札差からの借金で首が回らない状態に追い込まれていったというのは、こういうことである。

†蔵米取の旗本・御家人の経済生活

蔵米取の旗本・御家人は、蔵米を現金化したお金で一年の生活費を賄っていた。では彼らは、それをどのような用途に支出していたのだろうか。

なお、浅草御蔵に関連してまだ触れていない点がある。それは「扶持米《ふちまい》」のことである。御家人に対しては、蔵米○俵の本給とは別に扶持米というものが給された。扶持米は「○人扶持」と表記され、一人扶持とは一日の食料米五合に相当し、年一石八斗（約五俵）になる。扶持米は、特に身分の低い武士に対して食料扶助として給付されるものであり、蔵米と違って月切制を取っていたため、毎月、切米手形と同じ形式の扶持米手形を御家人らは作成し、浅草御蔵から米を受領した。この扶持米については多くの場合、換金せず、屋敷へ運んで、毎日食べる「ごはん」にしていた（扶持米がつかない蔵米取の旗本では、蔵米の一部を換金せずに残しておいて、飯米とした）。

扶持米を「ごはん」にするのにはいくつかの理由がある。扶持額は二〜五人扶持が標準なので、一ヶ月あたり米俵一〜二つ程度となる。この量は、御家人の家族数人と屋敷で召し使っている下男・下女が食べればちょうど一と月程度で消費できる量である。その程度の量なら、馬を使うか荷車を雇えば屋敷まで簡単に運びこめた。

ところで、浅草御蔵から旗本・御家人に給付される米は、前年に収穫された米というわけでなく、相当な古米であった。幕府にとって御蔵の米は、兵糧米としての意味もあったので、五年分程度を蓄え、古い方から払い出していったのである。それゆえ、相当不味かったらしい。玄米の状態で保管されてはいるが、温・湿度管理などないわけで、当然と言えば当然だろう。変な臭いがしたり、米が割れ欠けしていることも多かったという。そういう米を当時「ポンポチ米」と呼んでいた。浅草御蔵に貯蔵されている米の詳細情報は御蔵役人しか把握していなかった。誰に、どの米を渡すのかは御蔵役人の匙加減で決められていたという。扶持米を個々の屋敷で消費することが一般化していくと、御蔵役人も、扶持米にはましな米を出すようになった。だから御家人は、扶持米を食べたのである。

このようなわけで、当時、食費の中で一番を占めたであろう米については、扶持米をあてることが多かったといえる。よって現金は、それ以外の生活費に使用されることになる。

現金支出で最も額が大きいのは、使用人の給金である。禄高三〇俵二人扶持の同心でも、下働きの少女を一人くらい抱えているのは普通であった。質素な暮らしぶりでも、妻だけでは家事が回らないのである。旗本では武家奉公人や奥女中が必要になってくる。使用人の人件費に現金収入の二割は取られてしまう。

そして、旗本・御家人の経済生活をみていて過大だと思われるのは「お付き合い」の費用である。冠婚葬祭や季節のイベントにかける費用が多く、明らかに家計を圧迫している。親戚とのやりとりだけでなく、職場の上司や同僚への贈答も多い。ほかの人々が贈っている中で、自分だけが止めるという選択肢は取れなかったのだろう。窮余の策なのか、よその家からいただいた魚や野菜を、自分の家からの贈答ということにして回している事例も見たことがある。生鮮食品ゆえ、なんだか心配になる。

なお、旗本・御家人とも幕府から屋敷が与えられるので住居費負担は少なくて済む。ただし、与えられるのは土地だけなので、建物は自費で建てなければならなかった。大火に巻き込まれたりして建物に損害が出ると踏んだり蹴ったりということになる。当然、建物の日常的メンテナンスのための費用もかかる。

†御家人の「副業」

知行取の旗本なら家の収入を増やす方策がないわけでもないのだが、蔵米取の旗本・御家人は固定給のため、臨時の出費があったり家族が増えたりすると、家計が赤字になってしまう。そうした場合、内職などのサブ・ワークで足りない収入を補なった。武士の副業を禁止するような通達は特に出ていない。

御家人のなかでも、同心やそれ以下の身分が低い階層では、内職が日常的に営まれた。内職の種類は実にさまざまで、傘張り（和傘は竹製の骨に紙を張って作られる。その紙張り作業）、提灯張り、針摺り（裁縫に使う針を研いで仕上げる）といった生活用品の製作や、版木《はんぎ》彫り（木版刷り書籍等の版木）のような職人技を要する内職もあった。御家人屋敷は広さに余裕があったので、屋外で、植木作り、鈴虫・こおろぎなど音を楽しむ虫の養殖、金魚の養殖を手掛ける者もいた。こうした内職は、妻などの家族ではなく、御家人本人が行っていたのである。

同心にはさまざまな勤務形態があったが、たいていは三〜五日に一度出勤すればよかったので、十分な時間の余裕もあった。『藤岡屋日記』（江戸後期の町人藤岡屋由蔵《よしぞう》が作成した記録）中にある嘉永二（一八四九）年頃の伝聞記事だが、作事方《さくじかた》（幕府の建築関連部門）の定普請同心の弟だった金十郎という人物は、内職で手ごたえを得たのか傘張り職人の弟子になり、結局、傘職人として独立することになったという。弟なので、兄に実子が生まれれば家を継げないし、他家へ養子に行くことも期待できないならば、ええい、手に職はある、町人になってしまえ、というわけであろう。この金十郎が恋慕した「しゅん」は、同じ御家人（同心）の娘だった。「しゅん」は娘浄瑠璃を教えていたという。御家人の女性家族が、庶民的な芸ごとで収入を得て家計を助けることもあったということになる。『南総里見八犬伝《なんそうさとみはっけんでん》』の作者として知られる滝沢馬琴《たきざわばきん》は、孫の太郎のために御家人になる権利を買ってやっている。「御家人株」というもので、そのために一〇〇両以上（現代の価値でいえば二〇〇〇万円ほど）を支出していた。滝沢家の日記からは、百人組の同心になったその太郎の暮らしぶりが判明するのだが（柴田光彦新訂増補『曲亭馬琴日記』第一〜四巻、高牧実『馬琴一家の江戸暮らし』）、彼は想像以上の働き者で、驚く。自分で買い物には行くし、障子紙の張り替え、庭掃除、畑での野菜作りというように家事を率先してやっている。また、内職というよりもはや副業として薬の製造を手掛けており、自身、材料の仕入れから販売まで差配していた。

明治維新後、禄が受けられなくなった武士の中には生活に困窮する者も多かったが、以前からしっかり内職を手掛けていた御家人は、案外うまく切り替えられたのかもしれない。旗本・御家人は、維新後の職業として官吏を選ぶことが多いのではあるが、意外と物を売る商売を始める人物も見られるのである。

†「役得」「贈答」も収入の一部

旗本・御家人の役職によっては、さまざまな役得が認められている場合もあった。表向きの禄高が低くても、役得が多ければ、内職をせずに安定した暮らしをすることもできた。

役得としては、たとえば「職場の消耗品を持ち帰る」というのがある。その日に使い残した炭や食品などである。現在でも、店主の好意で売れ残り商品を持ち帰らせてくれる店もあろう。しかし、江戸時代のそれは、暗黙の合意に基づく組織的行為であった。なかば権利と見なされていて、遠慮なく持ち帰ったようだ。江戸城の本丸御殿には複数の厨房施設があり、そこに勤める台所役人は、勤務のたびに大量の食品類を持ち帰っていたと伝わる。当時は冷蔵庫がないので、腐らせるよりはましだといえるが、持ち帰った食材は家で食べるだけでなく転売していたとみられるから、まさに副収入源である。

百姓や町人と接する役職だと、御歳暮・御中元など節季ごとに挨拶の金品が贈られてくる。それぞれは僅かであっても、関係者が多ければまとまった量と額になる。武士どうしであっても、頼みごとをする際には金品のやり取りが不可欠だった。そうした金品は、単に相手に対し礼を尽くすために贈ったかというと、そうとは言い切れない。何かあったときにすぐ対応してもらえるよう、保険の意味合いを込めて渡されている面もある。

旗本・御家人は、役職や立場に応じて、関係各所からあらゆる贈答を受け取っていたが、それは賄賂とは見なされていなかった。幕府が旗本・御家人に出した通達には、賄賂を戒める内容もあったが、節季の贈答は問題にされない。現代において、政治献金と贈収賄の境界はどこにあるのかともやもやすることがあるが、曖昧さの源流は江戸時代に遡れるのかもしれない。

このように旗本・御家人は、主たる稼ぎ手の収入に依存するサラリーマンという様相を持ちつつも、さまざまな手立てで世帯収入を増やして、ようやく生活を成り立たせていたのである。

第四章　「雇用労働」者としての武家奉公人

第二章で触れたように、武家社会には厳格な身分階層が存在し、帯刀を許される真の武士と、それ以外の武家奉公人と呼ばれる階層に大きく区別されていた。武家奉公人はさらに、足軽・中間・小者の序列に分かれた。足軽は藩により扱いの差があるので評価が難しいが、中間・小者は完全に、士とは異なる存在とみられていた。

第四章ではこの武家奉公人の正体を明かしたい。なお、蔵米取の旗本・御家人は、サラリーマン的な生活を送ってはいるが「雇用」されているとは言えないのに対し、中間・小者は雇用労働者といって差し支えない。それらは、一年以下の短期労働契約を結んで職に従事する。江戸時代には各種の雇用労働が広がっていくが、足軽・中間・小者は、契約に基づく雇用労働の展開を象徴する存在といえる。また、近代に一般化する地方から都市への出稼ぎ労働を、江戸時代段階で先取りしていた要素もある。堅い話は抜きにしても、武家奉公人には驚くべき点があるので、取り交えつつ紹介したい。

†泰平の世の到来と武家奉公人の変化

武家奉公人のそもそもの形態は、戦国時代に、在地に拠点を置いていた武将が、戦に出陣する際に動員した百姓たちである。武将といっても、武田信玄や上杉謙信といった戦国大名のレベルではなく、その配下の武将たち、武田氏なら「武田二十四将」(穴山梅雪や山本勘助の名は聞いたことがあるかもしれない)と呼ばれた中核的家臣層をイメージしてほしい。武将は、家臣に弓や鑓、鉄砲を持たせて兵としただけでなく、百姓には兵糧や武器・弾薬を持ち運ぶよう命じた。武将たちは、本拠地の館を中心とする地域を社会的・経済的に支配する小領主でもあったので、百姓を強制的に従軍させることができたのである。

戦国の世が終わって幕藩体制が確立すると、百姓が戦場に連れ回されることはなくなった。戦国大名から移行した近世大名は城下町を拡充し、配下の武将たちは在地の館から城下町へ住まいを移すよう命じられた。都市居住者となった彼らの身の回りには、武士身分の家臣に担わせることのできないような仕事が存在した。例えば、主人が出かける際に草《ぞう》履取《りとり》や挟箱持《はさみばこ》として供をさせることだ。運ぶのは兵糧や弾薬ではなくなったが、下僕として雑用を務める者がやはり不可欠だったのである。

大名も、大名家臣も、自分の領地の百姓との関係が密だった段階では、そうした武家奉公人を、年貢・諸役の一端として徴発することができた。つまり無償労働として動員できたのである。しかし次第に、農村の事情を考慮せずに徴発されることに対して百姓側が反発するようになる。そのため藩では、武家奉公人を雇用するための金を村方から取り立て（人を出さないのであれば、その代わりに金を拠出すべきという論理。賦役《ぶやく》の代金納化《だいきんのう》）、その資金を使って奉公希望者を募るようになった。こうして、譜代の武家奉公人から「雇用される」武家奉公人への変化が起こる。複数年契約の方が望ましかったが、双方の事情により、一年季（一年契約）の出替り奉公人タイプが一般化する。

この武家奉公人の人数は、士分（徒以上の帯刀する真の武士）の人数と比較すると、国元なら同数以上、江戸屋敷なら二倍以上はいるのがふつうである。大名家の規模や性格によって違いは発生するが、城や江戸屋敷で働く者のうち過半は武家奉公人だったことになる。

†藩領域の武家奉公人

武家奉公人が召し抱えられていたのは、諸大名の城下町や江戸においてである。城下町には、①大名自身が抱える武家奉公人と、②大名家臣が抱える武家奉公人、の二種があった。江戸には、③徳川将軍家が抱える武家奉公人、④江戸屋敷において、大名とその大名家臣が抱える武家奉公人、⑤旗本が抱える武家奉公人、の三種があった。そのうち、わりとシンプルに説明できる城下町の武家奉公人（①②）について簡単に確認し、そのうえで④をみたい。紙幅の都合上、③と⑤の説明は省略する。

大名が国元の城中で召し使う武家奉公人はほぼ、領民から召し抱えられた。足軽や中間を統括する藩の役所が採用していた。それとは別に、大名の家臣が召し使う武家奉公人もいる。一〇万石規模の藩の場合、この両者を合わせれば一〇〇〇人を超す武家奉公人が城下町で雇用されていたことになる。こうした武家奉公人は、城下町の町人や城下町に近い村方の百姓から採用されることが多かった。

磯田道史氏が明らかにした美作国津山藩の事例では、城下町から二キロ圏内の村々から「通勤」する足軽・中間が主体であったという。遠方の村の百姓が武家奉公をするなら城下町に生活拠点を移さなければならず、なにかと面倒であるが、通いならば、田畑を耕してその収入を得つつ、武家奉公による給金も得られることになる。つまり、城下町周辺においては、百姓が家計を補う目的で武家奉公が行われていたのである。百姓の階層による違いはみられず、富農も貧農も、長男も次男や三男も万遍なく武家奉公に出ていたという。なお、足軽の方が身分は高く、奉公の給金も高いが、責任を求められる仕事が多くなるので、足軽奉公には比較的上層の百姓が従事したという。

†大名屋敷に雇われる武家奉公人

大名は参勤交代を義務付けられていたため、原則的に一年おきに国元暮らしと江戸屋敷暮らしを繰り返さなければならなかった。よって江戸屋敷には、国元とは別に武家奉公人が置かれた。

江戸屋敷で召し使う武家奉公人は、国元で採用して江戸に連れていくのが本来的なやり方であった。しかし、支配地の百姓を江戸に連れて行くとなると、一年以上の長期にわたって村を離れることになるので、次第になり手の確保が難しくなっていった。加賀前田家のような大藩は、江戸時代後期まで、御国者《おくにもの》と呼ばれる、領民から採用した武家奉公人を

図6　大名が登城のあいだ待機している武家奉公人たち（「千代田之御表　玄猪諸侯登城大手下馬ノ図」〔部分〕、国立国会図書館デジタルコレクション）
麻裃の人物は士分の家臣だが、手前の三人は武家奉公人。煙草を呑んだり思い思いに過ごしている。

江戸屋敷で召し使うことにこだわり続けたが、中小の藩では早い段階から、江戸でほぼすべての武家奉公人を採用するようになる。

殿様が在府している年は武家奉公人の必要数が増大する。少なくとも月に数回は、行列を整えて江戸城に登城するからである。登城行列には、殿様の駕籠《かご》を担ぐ者・鎗持・挟箱持・草履取などの役割を務める武家奉公人が多数必要となる（図6）。

また江戸には大名の奥方や子供たちもいるので、これらに付属する武家奉公人も要る。中屋敷・下屋敷があればそこにも武家奉公人を配置しなければならない。こうした事情から、江戸では国元以上の数の武家奉公人が雇用され、務めていたのである。

江戸で雇用される武家奉公人の一年間の給金は、足軽なら四両程度、中間なら二〜三両程度が標準となる。三両を現在の価値に置き換えてみると年収五〇万円程度にあたり、だいぶ安いように見えるが、大名屋敷に住み込みになるので、食事や着物は支給され、住居費などもかからない。単身者なら暮らせないことはないが、大部屋での共同生活である。長年にわたって続けたいと思うような仕事ではなかっただろう。

†武家奉公人斡旋と派遣のしくみ

江戸での武家奉公人需要の高まりにともなって一七世紀中頃に成立したのが「人宿《ひとやど》」という斡旋業者である。武家奉公人を含め、江戸における一年以下の短期契約労働者は、人宿を介して供給された。

人宿は、口入《くちいれ》・入口《いれくち》・奉公人之宿・桂庵《けいあん》などとも呼ばれ、江戸市中に三〇〇〜四〇〇軒ほどあった。大名屋敷や商家などからの求人を引き受け、登録している求職者を派遣する。

人宿に登録して仕事を求めたのは、貧困都市住民や出稼ぎ百姓である。元来、出稼ぎ百姓は、江戸の親類や知人を頼って仕事を探すものであったが、誰しもが江戸につてがあるわけではないので、求職者の便宜をはかるために人宿が成立したとみられる。登録する人宿は容易に変えることができない慣行だったが、派遣される奉公先はころころと変えられた。

武家奉公人としての奉公先が決まると、人宿側からは奉公人請状《うけじょう》と呼ばれる保証文書が提出された。奉公人請状は一般的に、奉公する本人ではなく、その請人（身元引受人）が作成するものであった。書面には、奉公人の身元、宗旨・檀那寺《だんなでら》（切支丹《きりしたん》ではない旨の保証）、不祥事が生じた場合の責任の取り方（前渡し分の給金を返済するとか代人を差し出す旨）が記された。百姓が商家に奉公するような場合の請人には本人の父兄や親類がなったが、人宿による武家奉公人の派遣では、人宿自身が請人となり、保証した。人宿は、請人となることに対する報酬として奉公人から判賃《はんちん》を受け取るとともに、奉公先から周旋料を受け取って収益としていた。現在の人材派遣会社における経営形態との共通性を見て取れる。

ここで、人宿を通して大名屋敷に供給された武家奉公人の仕事内容を整理しておきたい。足軽・中間・小者といった身分枠での採用も行われたが、実際のところは、さらに仕事内容を限定した形で雇用されている。

例えば「陸尺《ろくしやく》」である。陸尺は六尺《ろくしやく》とも書き、殿様などの駕籠を担ぐのが仕事である。まず、駕籠を担げる身体的能力が必要で、かつ背が高いなどのルックスのよさも求められた。背の高さによって給金も異なっていたという。陸尺を扱う専門の人宿があり、大名屋敷側はそこへ派遣の依頼を出した。大名が江戸城へ登城する際の行列に加わる押足軽《おさえ》・手回り中間・小者（鎗持・草履取・挟箱持などを務める）は、必要とされる日数が限られるなどの事情により契約形態が特殊で、月抱（月単位の雇用）などのごく短期契約で雇用された。その他、屋敷各所の雑用を務める中間・小者も雇い入れられた。雑用としては、台所の下遣いや買物、水汲み、掃除や物品の運搬などがある。また、「別当《べつとう》」と呼ばれる飼馬の世話担当を専門に扱う人宿もあった。馬の手入れの方法や健康維持の方法を習得していなければならず、広義の武家奉公人に入るとはいえ、専門技術者である。そのため、一年単位の短期契約でなく複数年次にわたって雇われることも多い。さらには、大名の参勤交代の行列の見栄えをよくするために、一部旅程のみ同行する契約で雇用される武家奉公人までもいた。

江戸屋敷に召し使われる武家奉公人は、一年または半年契約で、武家屋敷に住み込んで働くのが基本形であったのが、次第に種々の短期で雇用されるタイプが成立していったといえる。大名屋敷側は、目的によりそれらを使い分けるようになった。「人員が必要なら人宿から随時雇い入れればよい」という感覚になっていったのである。本来の武家奉公人は、武士と百姓の従属的関係に依拠して働かされるものであったが、そうしたあり方からはもはや乖離している。いわばパート・アルバイト化したともいえよう。そのため、時に驚くべき状態も生まれた。江戸城の大手門を守衛した番人には、こうした雇われの武家奉公人もいたということである。江戸城には東西南北に各城門があるが、その表口の主要門である大手門の門番役は、旗本・御家人が務めるのではなく、幕府から命じられた大名が、一年または三年の任期で務めることになっていた。つまり、大名家の側の人物が番をすることになる。もちろん、正式な士分の藩士も番所に詰めたが、特に幕府側から番人の属性にかかる指定があったわけではない。そのため、大手橋やその周辺に立って江戸城の一番表側を見張った番人には、実のところ、人宿を通じて短期雇用された下層町人や出稼ぎ百姓が含まれていたのである。

　大名屋敷側にとって、必要な時に必要なだけ人を派遣してくれる人宿は便利な存在だった。しかし、大部屋での集団生活を強いられるなど待遇が悪いために、武家奉公を希望する人は減り、江戸時代中期以降は、なかなか満足できる人材が派遣されなくなっていった。人宿側も、依頼された人数を揃えなくてはと、身元も確かめずにかき集めて派遣するので、奉公人が武家屋敷から欠落《かけおち》（行方不明になること）したりトラブルを起こすのは日常茶飯であった。そもそも人宿に登録して武家奉公人となったのは貧困都市住民がメインであり、供先で他の大名家の従者とトラブルを起こすような素行の悪い人物も多かった。ひと昔前の時代劇では、武家屋敷の中間部屋で夜な夜な博奕が催されるシーンが描かれていたが、ある程度史実とみてよい。

その大名屋敷の大部屋で武家奉公人を統括したのが「部屋頭《へやがしら》」と呼ばれる存在だった。部屋頭は町方に居住し、妻子を持つような者である。部屋頭は人宿とつながっており、仕事面や奉公人の管理まで諸事差配した。なお、奉公人の給金は、雇い主の武家屋敷から人宿・部屋頭を経由して奉公人本人に渡されるシステムだったが、部屋頭は、さまざまな名目をつけて給金を中抜きしていた。大名屋敷側はそうした問題を認識していても、部屋頭の管理に直接干渉できなかった。また、人宿は人宿で、奉公人が欠落しても、なかなか前渡し分の給金を弁済したり代人を差し越そうとしなかった。こうした状況に頭を抱えた藩役人は、江戸の人宿を介さずに、良質の武家奉公人を調達するすべを模索するようになる。

†武家奉公人として送り込まれる百姓たち

江戸の人宿から斡旋された武家奉公人により損失と迷惑を蒙っていた大名屋敷側は、江戸以外の地から武家奉公人を直接採用しようと乗り出す。その地は信濃《しなの》国・上総《かずさ》国・下総《しもうさ》国・越後《えちご》国などであった。これらの地域には大きな藩が存在しないので、藩の奉公人募集と競合しないという点や、江戸からさほど遠国ではないことが条件に適っていた。藩役人が直接、現地へ赴いて、その土地の有力者に募集を依頼する方法もあったが、次第に、各地に「抱元《かかえもと》」と呼ばれる請負人が発生していき、その者が募集から送り込みまで手配するようになった（以下は松本良太氏の研究による）。

例えば信濃国では、長野善光寺の門前町に武家奉公人の抱元が何人もおり、諸大名家から依頼を受けて、北信地方の百姓を武家奉公人として江戸に送り込んだ。江戸で人宿から斡旋される奉公人は貧しい町人であったのに対し、信濃国や上総国などで召し抱えられたのは身元も確かな村の小百姓たちである。

ところが、そうした身元の確かな者であっても、江戸に到着して数日で欠落してしまうことがあった。江戸の人宿から派遣された従来型の武家奉公人の欠落は、前渡し給金の持ち逃げ目的が多かったが、信濃抱の者の場合、待遇の悪さに対する反発・抗議の意味合いもあったとされる。欠落した奉公人は帰郷して、江戸での体験を言い広めたので、その屋敷には奉公人が集まりにくくなったはずである。それでは大名屋敷側も抱元側も困るので、少しは待遇が改善されたであろう。武家奉公人の居住部屋を江戸部屋・信州部屋というようにその属性ごとに分けるようになるのは、単に管理上の理由だけでなく、信濃抱の者に対する待遇改善の面もあったとみられる。両者の奉公人には気質の違いが相当あったはずで、そこが大いにストレス要因になりえたからである。このように考えれば、登録した人宿との関係に縛られていた江戸の武家奉公人と違って、信濃抱の者らは条件のよい奉公先を選ぶことも可能だったといえる。結果として、雇う側と働く側双方にとってよりよい方向に進んでいったと推測される。

信濃抱・上総抱などの武家奉公人の給金は、抱元から村方にいる奉公人の親や家族に渡された。そのため、送り出す側としては安心感があった。確実に百姓の家計補助とすることができるし（百姓が単身で出稼ぎに出ると、国元に送金されない可能性もある）、江戸に知音がいなくても問題なく奉公ができる。百姓に武家奉公という現金収入を得る選択肢ができたことは、中・下層農民を経済的に支え、地域社会全体の安定にもつながるというメリットもあった。なお、江戸時代後期には在方にも雇用労働の機会は増えていたので、彼らはあえて江戸での仕事を選んだ者たちといえる。江戸での都市生活に憧れた者もいただろう。屋敷から自由に外出はできなかったが、江戸の文化に触れられる機会はあったはずである。彼らが地域社会へもたらしたものは、給金だけではなかったはずである。

このようにして、寛政期（一八世紀末）頃から各地に成立した、江戸へ武家奉公人として百姓を供給するシステムは、武家奉公をめぐる労働環境の改善や、職種・雇用形態の細分化をもたらしたといえよう。信濃抱・上総抱の武家奉公人は中間・小者として採用され、大名屋敷内の雑務や諸方への使いに従事した。信用がないと任せにくい仕事も彼らは担当した。文字を読み書きすることが十分にできなくとも、実直な百姓出身の武家奉公人は、重宝されたのであろう。

一方、江戸の人宿に対して大名屋敷側は、割り切って使うようになる。登城行列の供連れだけを、月抱などごく短期契約で雇用するというのはまさにそれである。月抱なら、給金を持ち逃げされても損失が最小限で抑えられるし、問題ある人物であってもひと月くらいなら我慢できないことはない。おそらく、雇い入れてみて印象がよければ、来月、再来月と契約を更新することになるのだろう。

こうした江戸時代後期における、大名屋敷の武家奉公人の雇用労働にかかるシステムの展開は、工場労働などの雇用労働が急拡大する近代へ向けて、諸要素を準備することになったと考えられる。

第五章　専門知識をもつ武士たちの「非正規」登用

†身分制に基づく政治運用の行き詰まり

江戸時代の身分制度下では、家督の世襲を保障された武士が、その家の格に応じた政治的・軍事的役職を務めるのが基本形態であった。家老の子として生まれれば家老に就任して藩政全体を取り仕切る。馬廻など平士の子として生まれれば役所の物書きや城郭の番士などの役務に従事する。しかし、若者時代に学ぶのは儒学をはじめとする古典学習が主で、武術も修めるものの、次第に実践とはかけ離れた型を訓練するようになっていた。政策や軍事に関する専門知識をもつ人材が養成されにくい環境ではあったが、泰平の世が謳歌されていた江戸時代中期にあっては、ただちに幕藩制の崩壊につながるということにはならなかった。

だが次第に、制度設計と社会の実態とが合わないことによるひずみがさまざまな形で現れるようになる。特に切実であったのが領主層の財政問題である。財政収入は百姓から取り立てる年貢を中心としていたが、単に取り立てを強化するだけでは必要な費用を賄えなくなっていた。米価の低下や米以外の諸物価の上昇が背景にある。経済の基軸を「米」としている限り、武士層の実質収入が減少するのはなかば当然である。

そこで幕府も藩も、年貢収入への依存から脱却を図るようになる。商業活動を奨励して領内を経済的に富ませ、その収益の一部を領主層に納めさせるようになった。つまり、年貢収入に上積みして領主層が金銭を取得できるようなしくみを新たに構築しようとしたのである。諸藩で行われた「専売制度《せんばい》」はその代表格である。

専売制度下では、領内の特産品について、生産者である百姓が自由に商人に販売するのを制限し、特定の機構を通すことを強制した。領外への販売等は藩が指定した商人が行い、藩は、商人に収益の一定割合を上納させた。構造としては、商品流通に藩が介在して、マージンを獲得するというものである。

幕府も同じで、長崎貿易による専売制度が財政を支える一大収入源となっていた。幕府が長崎貿易の利益を独占するしくみは、寛永期のいわゆる「鎖国」制度成立期ではなく、その後の江戸時代中期に構築されている。オランダ東インド会社に属するオランダ人や、清朝《しん》の許可を受けて渡航した中国商人からもたらされる商品は、幕府管理下の長崎会所という組織によって独占買い入れされ、全国各地に高値で販売された。原価と売上高の差額は莫大な利益をもたらし、その大部分が幕府収入に組み込まれていたのである。昭和期まで存在したたばこ・塩の専売制が、国税収入において果たした役割と同様なものと考えて差し支えない。

このようなしくみを構築するには、従来型の武士の素養では歯が立たない。経済官僚と呼べるような層が武士内部から聳立してきて、彼らによりこうした幕府・藩の収入確保策が整えられていったのである。

†経済官僚の台頭

先述のとおり、身分制の枠組みによる人材登用の規制があるため、商人を武士にしてシステムを運用させることはできない。そこで動いたのは、経済的な感覚を持ち合わせていた下級武士層である。幕府・藩の首脳層も、幕藩財政の改善に貢献してくれるかという点を重視し、家格に不足があろうと、その人物の知識や力量に期待しての登用が行われるようになっていった。まさに背に腹は代えられぬということであった。五代将軍綱吉期に幕府の経済政策を主導することになった旗本荻原重秀《おぎわらしげひで》は、その典型例である。

その一方、領主層には、町人を経済政策に関するアドバイザーとしたり、商人組織を役所の実質的な下部組織としてコントロールしたいというもくろみもある。そうした場合、町人に苗字を名乗る権利や帯刀の権利を与えて武士に准ずる扱いにし、諸局面に対応させた。

専門的知識を取り柄としてポストを獲得していく武士は、主として幕府や藩の財政部門から生じていったといえる。とはいえ、こうした経済官僚的な存在は従来からの身分制の枠組みを大きく逸脱するものではなかった。町人や百姓からそうした専門家が登用されるとか、幕府が藩士などの陪臣《ばいしん》からそうした専門家を登用するといったことは、江戸時代中期までは一般的でなかったからである。

†専門家が登用される時代へ

下級武士の中から、政策的な課題に対応できる専門的知識の持ち主を登用することはその後も継続されていく。しかし、それで必要とする人材のすべてを確保できるわけではなかった。一方で、経済的ゆとりがある百姓・町人の間では、各自の興味関心に基づいてさまざまな学問が学ばれるようになっていた。どちらかといえば和歌・俳諧といった教養・娯楽目的の学問に触れるケースが多かったが、数学・農学・土木工学など実学分野の学問を修養できる場も各地に増えていた。しかし、学んだ知識を広く生かせる機会や場は限られている。町人や百姓としての活動のなかでは応用の機会に乏しい。他方、幕府や藩にとっては、政策上そうした知識が不可欠なものとなっていったので、こうした専門的知識を備えた人物を、出自を問わず迎えるようになった。

彼らはどのような条件で登用されたのであろうか。ちなみに、学者や医師などは、江戸時代前期から、一般的な士分とは異なる基準で幕府や藩に登用されている（そうしたタイプの学者としては、新井白石や室鳩巣《むろきゅうそう》が挙げられる）。必ずしも世襲で家と職を継ぐものとはされておらず、能力の優劣によって待遇も変化した。たしかに、学者に世襲制は相容れないし、医師は主君を診るので医学的レベルの維持は不可欠である。そのため、百姓や町人からダイレクトに御用学者や御用医師に召し抱えられるケースもあり、身分における垣根は低かった。

そのような、学者や医師の登用に准ずる形で、「知」を究めた町人・百姓が幕府や藩に召し抱えられ、その分野に関する施策の立案・実施の側に回るようになっていく（紀州出身の治水家である井沢弥惣兵衛《いざわやそべえ》や地理学者の伊能忠敬《いのうただたか》、二宮尊徳がその典型例といえる）。ただし、召し抱えられるといっても、家督を保障される士分と異なり、多くは、一代抱えや御雇などとして時限的に給分が与えられた。将来的には世襲できる身分に昇格する可能性は開けていたが、当初の段階では、本来の武士とは異なる状態、主君との主従関係でいえば永続性を持たない、いわば「非正規」の者として武士集団の一端に組み入れられたのである。現代的な視点からすると大したことがないように見えるが、身分制社会においてはイレギュラーな方式であった。

†旗本用人に求められる職業能力

専門的な知識の持主でなくとも、江戸時代後期には概して、百姓・町人が一時的に武士身分になり（前章で見た武家奉公人ではなく「士分」の武士になるということ）、「武士としての仕事をする」チャンスは増えていた。当時、旗本の家臣というのは就職しやすい「武士」職務であった。しかしながら、旗本家臣においても、職業能力の有無は大きな待遇の違いをもたらした。

旗本は、大名と比べると家禄(領地・蔵米)の規模が小さく、経済的に不安定であるため、譜代の家臣でさえ主従関係から離脱することがあった。人材不足を補うため、旗本家では士分の家臣も武家奉公人と同様に給金契約制で雇い入れた。そのため、江戸時代後期においては、旗本家臣の大半が、時限的に雇用された者で占められるようになっていた。前章で触れた武家奉公人(足軽・中間・小者)のように一年契約以下の短期ということはあまりないが、彼らは短ければ三、四年くらいで仕えていた旗本家を辞し、条件の良い旗本家に移籍した。こうした家臣を「渡り用人《ようにん》」といった。

旗本家臣となることを希望するのは、学問を修めた百姓・町人の子弟が多かった。特定の専門的な知識を深めたというより、各所にある漢学の塾に通い、幕臣や藩士の子弟に交じって学んだ者たちである。江戸などにある私設の学塾では一般的に、身分による入門制限は行っていないので、武士の子弟と机を並べた若者が武士を志すのは想像に難くない。旗本家臣には簡単になれる。主人が承諾すればよいだけだからだ。しかし、給金額は武家奉公人と大差ないこともあり、単身者ならともかく、家族を持つ暮らしができるようになるのは難しかった。旗本家臣団の上層なら比較的安定しているが、そこには譜代の家臣が座っている。世襲を約束された武士になるにはやはり壁があったのである。

なお、数年単位で勤め先を変えるとなると、住む場所に不自由するのではないかと思うかもしれない。だが、旗本家臣には必ず、主家から住宅（敷地内に建設された長屋）が無償で貸与されるので、雨露を凌げなくなることを心配する必要はなかった。

待遇の向上を求めるために、旗本家臣の中には、専門性を磨いて人材的価値を高めようとする者も現れた。彼らがつかんだ専門性とは、特殊な役職に就く旗本たちの臨時家臣としての職を遂行できるというものである。長崎奉行・大坂町奉行・奈良奉行のような遠国に赴任して都市行政を行う役職や、勘定奉行・江戸町奉行などがその特殊な役職にあたる。

旗本は、就いている役職によって必要な家臣の人数が大きく変わる。まったく役職に就けていない無役（小普請という）の旗本なら、家のことを取り仕切る家臣が数人いれば足りる。しかし、例えば大坂町奉行に就任したとすると、留守宅を預かる家臣のほかに、大坂で町奉行の仕事を補佐する家臣が必要となる。しかも、大坂にすぐ引っ越して働いてもらう必要がある。同じ旗本家臣でも、江戸で旗本の家の仕事をするのと、大坂町奉行の家臣として仕事をするのでは内容も異なる。そうした諸条件に対応してもらえる人材には高給を約束したのだ。旗本が遠国奉行などに就任すると、幕府から多額の役職手当が渡されるので、それを原資にすれば、諸条件を満たす臨時採用家臣を高給で雇うことが可能だったのである。なお、大坂町奉行所には与力や同心といった配下がいるが（天保八〔一八三七〕年に幕府に反旗を翻したことで有名な大塩平八郎《おおしおへいはちろう》も大坂町奉行所の与力）、奉行の秘書官としての職務など彼らが扱わない仕事もあり、それは大坂町奉行に就任した旗本が江戸から連れてきた家臣が担当することになっていた。こうした事情から、遠国奉行の政務上のサポートを専門とする「渡り用人」が生じたというわけである。

ただし、遠国奉行の任期は平均して数年なので、その旗本が役替えになると、その専門職的な「渡り用人」も解雇になってしまう。高給取りではあるが、数年で職を失うことを運命づけられている境遇といえる。しかし、「遠国奉行の現地役所で職務をこなせる」なら、解雇されても後任者に採用されたり、わずかな期間の浪人生活で済むことが少なくない。

町奉行や勘定奉行の家臣の場合は少し「専門性」の中身が異なるが、構造は共通している。同様に高給が約束され、奉行就任期間に限り採用されたのであった。

大名でも旗本でも、主君が幕府の主要な役職に就任すると、その役職に関する司令塔の機能を持つブレーン集団が組織される。一般官僚は入れ替わらないが、ブレーンだけ交代する点は、現在の省庁において、副大臣や大臣政務官が国会議員であるのに似ているだろうか。それを思い浮かべてみれば、奉行の側近が与力・同心では困る理由も推測できよう。

こうした旗本用人の役職は、待遇面で有利といえるが、ポストは限られている。なかなか史料からは知り得ないが、就任するには熾烈な競争があったはずである。一方で、彼らは有期雇用である。子にその立場を引き継がせられない点を厭い、金が貯まると、御家人株を買って下級御家人に転身する者も見られた。給分の額より身分的安定を選ぶことを優先する価値観もあったであろう。

†幕末期の幕政改革と「非正規」登用された幕臣

みてきたように、武士身分の者が政治的ポストを独占するという枠組みを前提としつつも、人材確保における欠陥を補うため、専門的な知識を持つ人物が下級武士や百姓・町人から登用され、幕藩制のほころびを繕っていた。しかし幕末期には、繕うのではとても間に合わない状況に追い込まれる。外国船の来航による対外的危機や、条約が締結されて開国するという大転換によって発生した諸問題は、緊急性の度合いがそれまでとは異なった。対応できる人材が全く不足していることは歴然としていた。

まず軍事分野である。一九世紀に入って以降、相次ぐ外国船の来航を受けて急遽台場に配備された大砲は、二〇〇年前の大砲と構造面でほとんど変わりないものであった。江戸時代には大きな内戦もなく、外国との軍事情報のやり取りも遮断していたために、兵器も軍隊組織も発展することなく過ぎていたのである。世界的にみて一九世紀は、大砲や鉄砲といった火器の性能が格段に向上した時代である。しかし、火器における外国と日本の格差に大多数は気が付かなかった。

日本に西洋流砲術が導入されていくうえでの立役者となった高島秋帆《たかしましゅうはん》は、長崎の特権的町人であった。彼は特殊な立場にいたため、オランダ人から大砲などを「個人輸入」することができた。そうして手に入れた資料を用いて彼は研究を進め、西洋流砲術の第一人者となったが、政争に巻き込まれたために、彼が幕府から直接登用されることはなかった。天保年間後期（一八四〇年代）からは、旗本で伊豆韮山代官の江川英龍《えがわひでたつ》やその他の人物が秋帆から教えを受け、幕府や藩における軍制改革を担っていくことになるが、長崎に近い西国諸藩などと比べると、幕府では導入に消極的な状態が続いた。

そうこうしているうちに浦賀へのペリー来航、そして圧力により和親条約を締結することになり、幕府の軍制改革は抜き差しならぬ段階になっていく。幕府は安政二（一八五五）年、長崎に海軍伝習所を設置するが、志願して伝習生となった幕臣（旗本・御家人）は限られた。ちなみに勝海舟《かつかいしゅう》が立身するのは、その数少ない旗本の一人であったからでもある。人材不足のため、幕府は、海軍分野の士官について、専門的知識を習得した陪臣《ばいしん》（将軍の家臣の又家臣のことをさす。つまり藩士）を「出役《でやく》」という形で採用するようになる。この場合の出役は、藩士としての籍を置いたまま、幕府の役職に就任し、職を務めることである。武士は本来、二君には仕えないものであるが、その大原則を取り払うまでに追い込まれていたといえる。

幕府は出役の者に対し、その職務に対応する手当金を給付したものの、幕臣に召し出されたということにはならないとした。それでは、機密管理や保安上の心配が生じるが、本籍が藩士の海軍士官を幕臣に正式登用することについてはなかなか進まなかった。召し抱えに伴う恒久的な財政負担増を幕府首脳層が懸念したためである。第二章で触れたように、江戸時代後期には旗本の四割がなんらの幕府役職も務めない無役（小普請）だった。首脳層は既存の旗本・御家人の中から人材が育っていくことを期待していたが、間に合わないで終わった。

一方、幕府の洋学研究・教育機関であり、洋書の翻訳などを行っていた開成所《かいせいじょ》（安政二年の開設当初は蕃書調所《ばんしょしらべしょ》、のち開成所と改称）では、同時期、陪臣の幕臣への登用が進んでいる。学者は海軍士官より障壁が低いというだけではない理由がそこにはあった。

幕府はそれまで、旗本・御家人にほとんど洋学を学ばせていなかった。西洋流砲術導入との関係もあり、当時著名であった洋学者は、西国諸藩の藩士だったり、町人・百姓出身者でも大名家に召し抱えられている状態にあった。そのため開成所設立当初、教授陣を確保するには諸藩士から多数を出役させるよりほかなかったのである。

その中には箕作阮甫《みつくりげんぽ》（津山藩）や松木弘安《まつきこうあん》（のち寺島宗則《てらしまむねのり》、薩摩藩）、村田蔵六《むらたぞうろく》（のち大村益次郎《おおむらますじろう》、長州藩）などがいた。村田蔵六は戊辰戦争において討幕派勝利の立役者となった人物であるが、実は一時期、幕府役所に務めていた。同様に陪臣から登用された津田真一郎（津田真道《つだまみち》、津山藩）、西周助《にししゅうすけ》（西周《にしあまね》、津和野藩）などはその後、出役から幕臣に移籍している（図7）。また部署は異なるが、福沢諭吉は、中津藩士の身分で外国奉行所の御雇として務め、のち幕臣に召し抱えられている。

出役者に関する最終的人事権は大名家側にあるため、松木弘安や村田蔵六のように主命により帰藩した人物も少なくなかった。有能な人材であっても、二重籍の状態に置かれ、いつ「引き抜かれて」しまうか分からないのでは組織の安定はおぼつかない。正規の幕臣

図７　文久年間幕府オランダ留学生一行の写真（津田真道関係文書47-3、国立国会図書館デジタルコレクション）
榎本武揚・赤松則良・津田真道・西周など、明治時代に各界で活躍することになる人物が写っている。彼らのほとんどが先祖以来の幕臣でなく、専門的な知識を生かして立身していった人物である。

として召し出すよりほか彼らをつなぎとめる策はなかった。都合よく「非正規」の状態で人材を用いることはできないということである。諸藩に対する幕府の圧倒的な権力と威信が保たれている時代なら、あるいは可能だったかもしれないが、それはすでに失われていた。

なお、幕府海軍部門や開成所においては、「業前《わざまえ》」といって、その人物個人の力量によって階級（給分の額と席次が対応する）が昇進する仕組みが整えられている。幕府職制において、慶応年間に至ってはじめて、個人の技量と階級が対応することが明文化されたのである。現在ではごく当たり前な給与階級制度の芽が、江戸時代の最後の最後に出現する。旧弊を排さなければ未来がないという問題認識が共有された組織であったからこそ、そうした仕組みが現場から提案され、実施に至った。しかし皮肉にも、そのとたんに武家官僚制は終結した。

第六章　役所で働く武士の「勤務条件」

働くとなると、給料の額面だけでなく、職場環境であったり福利厚生が気になるという人も多いだろう。そこで第六章では、現代の官公庁なら法令や規則に、企業においては就業規則や職務規程に定められているような職場のルールや勤務（労働）条件等が、江戸時代にもあったのかどうか、その内容はどのようであったのかを、幕府役所のケースに基づいて紹介してみたい。

†役人に求められたもの

江戸時代の、特に前期における幕府役所の体制は、現代の私たちからみればなんともルーズだと感じられるはずである。代官がその年に百姓から徴収することになっている年貢米が、翌年になっても翌々年になっても幕府に届かないことはざらだった。百姓からは期月通りに納付されないし、納付されたとしても指定の幕府の蔵に運び入れるのが大いに遅れる。さらには、百姓から集めた年貢米を代官やその配下が使い込んでしまうことまであった。幕府の方も幕府の方で、代官から米金が納められるのをただ待っているという具合で、年度会計もなにもあったものではない。そうなってしまうのは、当時の人々が怠惰だったからではない。正確な時計もなければ、電話やインターネットのように情報を瞬時にやりとりできるシステムもない、輸送にも膨大な手間がかかるわけで、仕事を精緻に進めるというのは無理な相談だった。

江戸時代前期においてはまだ紙が高価であり、情報を事細かに記録するということ自体、一般的には行われていなかった。大福帳《だいふくちょう》という商家の帳簿を御存じだろうか。日々の金銭出入りを記録した基本帳簿で、半年や一年分は一冊に記帳するため、相当分厚くなる。一〇センチ、二〇センチの厚みになることはざらである。そのような大福帳による出納管理が大小の商家で行われるようになるのは江戸時代中期以降である。それは第一に、紙を安く入手できるようになったおかげといえる。

中期以降、役所においても文書を大量に作成する、つまり膨大な情報を扱う段階に入る。

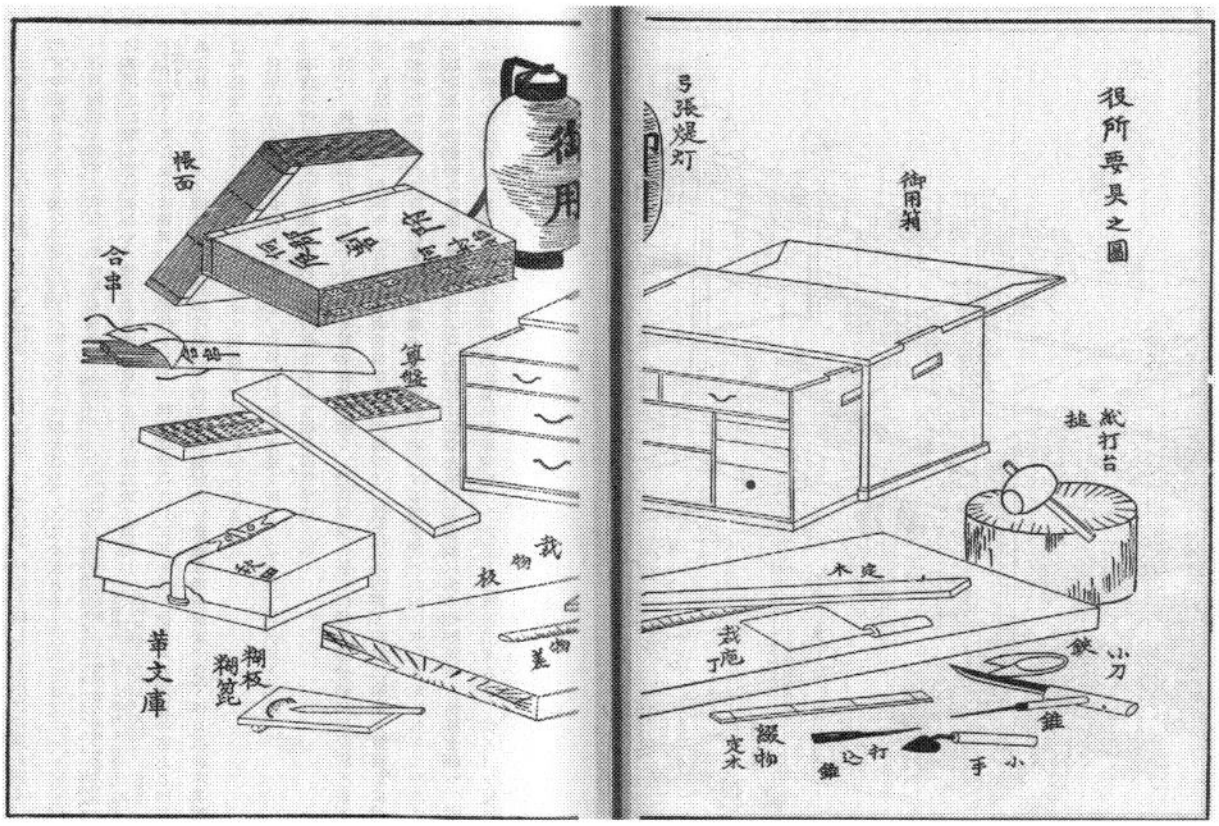

図８　代官役所で使用された要具の図（安藤博『徳川幕府県治要略』〔赤城書店、1915年〕、国立国会図書館デジタルコレクション）
御用箱（中央）は仕事机であり、不使用時には書類が入った引き出しを机下に収納できるようになっている。

業務が多様化し、記録作成の方法が複雑化すると、部署による分業が行われ、諸役人にも専門的知識が必要とされるようになっていった（図8）。

こうして、現代人がイメージするような役所の姿に近づいていく。管理職と一般職員を置いた組織が成立し、各部署の職務範囲が明文化して示されるようになった。幕府の財務部門＝勘定所の規程である享保八（一七二三）年の「御勘定所勤方覚」には、部局間の関係や指揮系統が明記されているだけでなく、たとえば「御取箇改《おとりかあらため》」の課においては、担当役人は諸国の幕府領で発生した水害・旱害の情報を逐次把握しておくこと、各地の幕府領を管轄する代官が御取箇帳（検見《けみ》を経て、その年の年貢徴収予定高を確定させた報告書）を提出してきたなら、予め得ていた水害・旱害の情報と照らし合わせてその妥当性を判断するように、とある。徴税の現場担当者の判断に任せきりにせず、情報を複数方向から検討するよう指示しているわけである（大蔵省編『日本財政経済史料』4、財政経済学会、一九二五年）。このように、部署ごとの職務範囲が定められ、吏員は確実な遂行を求められるようになっていったのであり、前期に存在したルーズさは幕末期には一変していた。江戸時代前期の幕府財政部門の役人は、いうなれば単なる年貢の「取り立て屋」にすぎなかったが、幕末期の彼らは、「官僚」と表現して差し支えないほどの知識と技量を備えた存在になっていたといえる。

†労働時間と休日

役人ら本人の変化だけでなく、彼らを取り巻く職場環境も大いに変化した。職務従事者に対する労務管理が行われていくと同時に、諸権利も認められるようになっていくのである。

旗本・御家人の職種が番方《ばんかた》と役方《やくかた》の二群に大別されることは第二章で触れた。番方は、江戸城の御殿や城門を警衛するのが主な職務で、宿直もあった。そのため、長時間拘束される当番日と非番日が順繰りに回ってくる勤務体制が取られていた。現代の警察・消防等における務め方と似ている。

一方、行政を担当する役方の勤務時間は、原則として朝から夕方までである。江戸城の諸城門は日の出時刻に開いて日没時に閉まるので、城内勤めの場合、個人的な事情で残業等はできないことになる。しかし幕府役人は、役所内でしか仕事ができないわけでなく、自分の屋敷ですることもあり、職場と自宅の区別は曖昧であった。タイムカードで勤務時間が管理されるというよりは、裁量労働制のイメージに近いだろう。幕府老中の場合、現代の時刻で示すと、朝一〇時台に登城し、一四〜一五時頃に退勤することが多かった。城内では、同役の老中や諸幕府役人と会議をしたり、将軍に決裁を仰いだりなどのことをする。退勤後には、自分の屋敷で処理すべき仕事が待っていた。老中に就任すると、「役屋敷」と呼ばれる公邸が与えられた。役屋敷は、現代の皇居外苑や丸の内地区にあり、江戸城からは至近距離なので、毎日、江戸城本丸御殿まで定時に通勤することが可能だったといえよう。近いのはいいが、老中はみな大名なので、至近距離でも何十人と供を連れて出なければならないのが難点ではある。

諸役人は江戸城へ、徒歩または馬で出向かなければならないので、出退勤の時刻を厳密に決められていたわけではなく、何時頃のめやすで構わなかった。それに対し、遠国奉行所や代官役所においては、配下の役人が役所敷地内に建築された長屋や役所の隣接地に居住しており、通勤の目安がつけやすいからであろう、定刻の出退勤が課された。大和国五條（現奈良県五條市）にあった代官竹垣三右衛門の役所では、朝五つ半（現在のおよそ九時）出勤、八ツ半（同一五時）退勤となっている。老中の出退勤時刻とさほど変わらないことがわかる。出勤時刻にはその日の当番の者が盤木を打って出勤を促し、退散時刻になると、元締（役所吏員のトップ）の指示を受けて退勤したという（安藤博編『徳川幕府県治要略』）。

なお、幕府役所において役人が一斉に休む休日はない。そのため繁忙期には、一ヶ月以上にわたり休みなく出勤することもありえた。町方の商家においては、正月と盆以外に休業日はないが、武士が勤める役所も同様であった。当然ながら、日曜日を休息の日とするのは、近代以降に西欧から導入された制度である。

しかし、一斉休暇ではなく各自が判断して取る休みはあった。「御勘定所勤方覚」には、それぞれが仕事の「御用透《ごようすき》」を考慮し、一ヶ月に三日ずつ「在宿」するようにとの条文がある。これは休日の定めにあたろう。ただ、次の箇条に「勿論、御用差湊《つか》ひ（＝閊えると同義）候節は休日相止め罷り出らるべく候」とあることから、あくまで職務が優先であった。一ヶ月に休日が三日では少なすぎると思うかもしれないが、用事などがあれば適宜、早退も出来た。

病欠に関する定めもある。代官役所の規程によると、病気で仕事を休み、他の人に代わりを務めてもらうのは一ヶ月に七日以内までとある。七日を超える場合は、正式な病欠届を提出する必要があった。裏返せば、七日以内なら同僚どうしの頼み合いで済むことになる。体調不良に対してかなり寛容といえる。具体的な症状が記されている史料を見ると、胸痛や下痢のほか、痔疾がよくある。痔疾は当時の人々を相当悩ませていたようで、旗本三嶋政養《まさきよ》という人物の場合、回復まで一ヶ月余にわたり寝たきりを余儀なくされている。乗馬が発症に影響しているのではなかろうか。また、療養を目的とした特別休暇（箱根や草津での湯治）も広く認められている。とはいえ羽を伸ばせるわけではなく、数日おきに温泉地から江戸へ回復状況の報告を行わなければならないなどの制約もあった。なお、本人ではなく家族が病気で臥した際に、看護のために休みを取ることが認められることもあった。

そうした、今日の休暇に擬せられるような制度がある一方、現代的な感覚からすると理解しがたいような規則もあった。服忌《ぶっき》の制度である。江戸時代中期以降、武家社会に適用されるようになった服忌制度は、死穢《しえ》・血穢《けつえ》に接した者の出勤を、定められた日数の間、規制するものである。死穢は家族・親族の死によるもので、忌引《きびき》にあたる。日数は関係の親疎により異なり、父母の場合は五〇日にも及ぶ。血穢は、自身または家族が怪我等で出血したことが「穢れに触れた」とみなされるもので、出勤を遠慮しなければならない。血穢は、怪我よりも、妻の出産に伴う遠慮「産穢《さんえ》」としてしばしば適用された。死や血を穢れと捉えるのは古代中世から続く民俗的な思想である。戦を業とする武士が死や血を忌むのは何とも辻褄が合わないが、江戸時代中期になって、幕府の儀礼に宮中の慣習が取り入れられていく中で、この服忌の制度も武家のしきたりに位置づけられていった。

老中のような政治の最高責任者であっても例外なく服忌は適用される。逝去者との関係によっては五〇日もの長期にわたり職務にあたることができなくなる。当然ながら政務に支障が生じてしまう。その弊害が認識されてくるにつれ、立場によっては遠慮日数の短縮が許可されるようになっていった。規定の日数に満たないうちに、服忌の打ち切りが上役から指示されるのである。幕府の役職は原則的に複数定員制になっているので、決定権限を持つ長官が不在ということにはならないが、それでも困ったはずである。

服忌に該当する状況になったなら必ず職務を休まなければならなかったが、勤務を免ぜられるメリットもあった。近親者が亡くなれば、葬送から諸般の手続きまでやらなければならないことは膨大にある。妻が出産したなら家事をする人手は足りなくなる。武士たちは、服忌の制度により家のことに割く時間を捻出できただろう。産穢七日の規定は、本来の趣旨とは違うが、男性産休の役割を果たしたといえるかもしれない。

†出勤状況の管理方法

職務を開始する時刻、退勤する時刻は役職や人によって異なるとしても、出勤状況を把握するしくみはあった。幕府勘定所では、出勤時に出勤簿に記録する方式が取られていた。その他の役所や組織でも出勤簿方式が採用されていたとみられる。

勘定所で働く諸役人は持ち回りで「鍵番」という当番を務めた。鍵番の者は、前日の最後に役所出入り口を施錠して退出し、当日は早朝に出勤して鍵を開けた。この鍵番があわせて出勤簿の管理も行っている。幕府勘定所は総勢二〇〇人を超える大所帯なので、部署ごとに七冊の出勤簿があった。勘定組頭（現在の財務省になぞらえるなら、局長に当たる）

が出勤してくると、鍵番は申し出て保管箱を開け、出勤簿「勤仕着到帳《きんしちやくとうちょう》」を出しておく。出勤した役人はそれぞれ自分の名前欄に記名した（花押《かおう》を記す役所もあった）。決められた時間になると、鍵番は出勤簿を保管箱に入れて封印する。毎日、封印するので、勝手に出勤簿の情報を改ざんできないしくみになっていた。当日の病気欠勤者や休暇取得者、服忌者、自宅勤務のため勘定所に出勤しない者のリストはあるので、対照させれば勤務状況が把握できた。なお、現代と異なるのは、かりに欠勤が多いとしても「給料」に影響しない点である。裁量労働制に近いとみるゆえんである（大田南畝「会計私記」、濱田義一郎ほか編『大田南畝全集』17、岩波書店、一九八八年に所収）。

†役職手当と賞与

蔵米取の旗本・御家人に対する俸禄支給は年三回、春・秋・冬季に行われ、米・金が渡された。俸禄は「家」に対し下されるので、なんら幕府の役職を務めていなくても、主従関係にある限り、規定額は与えられる。これが前近代までの封建制度の最大の特徴である。旗本・御家人は、与えられる俸禄等によって役職を務めるのに必要な経費を賄うこととされた。しかし、役職によっては多額の経費を必要とすることもあるため、「役料」が別途支給された。役料の額は役職ごとに異なった。

役職に伴う諸手当にはほかに、出張手当や赴任手当があった。幕府勘定所や代官の配下の役人の場合、村々の状況を検分するための泊りがけ出張がしばしば発生する。それにかかる経費はもちろん、精算のうえ支払われた。当時は、どこにでも旅籠屋《はたご》があるわけでなく、民家に宿泊させてもらうこともある。その際には「木銭米代《きせんこめだい》」という宿泊料を支払い、宿泊先の百姓の署名と押印を貰った。木銭米代帳は、その出張期間中に支出した宿泊費の領収簿で、これを出張後に役所に提出して監査を受けた。また、近在への日帰り出張の際には弁当代が支給されたという。現代の、経費による出張と何ら変わらないことがわかる。

また、長崎奉行や佐渡奉行などとして江戸から遠隔地に赴任する場合は、奉行本人だけでなく同行する家臣分も含めて、引越料や支度金が支給された。

ほか、代官の属僚へは、職務手当として「袴代」(いうなればスーツ・ネクタイ代)や「筆墨代」(筆記用具費用)が支給されることもあった。食費補助である「菜代」も渡された。仕事が立て込んできて、夜間に残業仕事をする場合には夜食代も出た。このように、案外と諸手当が行き届いていたのである。

幕府には、皆勤者に対する賞与もあった。早い事例としては寛文九(一六六九)年、江戸城の警衛等の職務にあたる幕臣を対象とした調査が行われ、一〇年以上にわたる皆勤者に黄金五枚ずつが渡されたという（大蔵省編『日本財政経済史料』2）。

皆勤賞のほかにも、諸役人に褒美が与えられる機会は多い。たとえば、婚礼や法事といった徳川家の冠婚葬祭行事の担当者へは、責任者だけでなくプロジェクトに関わった者全員に褒美が与えられた。また、河川の堤防の修築が幕府事業として行われる際には、勘定所の属吏が工事監督のために現地へ派遣されたが、そうした長期出張を終えて江戸に戻ってくると必ず褒美が与えられる。戦で功績を挙げた武将に、その都度、褒美を与える慣習が形を変えて残っているのだろう。幕臣の報酬は家禄と役料を基本としていたが、他にもこうした「ボーナス」を見込めたことがわかる。

†採用方法や役職就任手続き

奉行や組頭などの管理職ポストは、そのさらに上位役職者が、評判などを考慮して人事を決める。では、新任の「平《ヒラ》」の役人をどのように採用するのだろうか。父親の跡を子が継ぐという世襲が一般的だが、ふいにポストが空くこともある。その空きポストを埋める人事は、多くは関係者による推薦によって決められた。採用を願う者は、自分が学んだ武芸の流派や学問の種類を書き上げた「芸術書」という文書（履歴書の記載事項のうち資格・趣味・特技のみ記入されているようなもの）を提出するが、習熟度を示す客観的な基準がないので、結局、信頼できる人物からの推薦や評判に頼らざるを得ない。それが、幕末期になると、採用候補者を呼んでの面接試験も行われ始める。外国奉行所の属吏の採用にあたって行われた事例がある。面接官は、奉行や幹部役人たちである。当時の幕府は、外国と一から関係構築をせねばならず、前例主義では乗り越えられない課題が待ち構えていたため、慎重なる人選が行われたのであろう。

幕臣の子の場合、少年期は父から読み書きの基礎を習い、成長すると、民間の学問塾に通うのが教育の一般過程だったが、一生懸命学ばなくても将来が保証されている者も一定割合以上いたので、かなりの学力差があったとみられる。江戸時代中期までは、目も当てられないほどの素養しかない幕臣も多かった。井伊掃部頭（歴代の彦根藩主が与えられた官名）の「掃部頭《かもんのかみ》」を読めない者もいたという。それが、寛政期の松平定信政権期頃から、幕臣の就学機関としての機能も持つ昌平黌《しょうへいこう》が寛政二年（一七九〇）に設立されるなどして次第に変わっていったのである。

なお、幕臣が新たに役職に就任するときには必ず、就役誓詞を作成した。就役誓詞とは、その役職を務めるにあたって、守るべき事項を箇条書きにし、誓ったものである。現在、公務員においては就職時の「服務の宣誓」が義務であると聞くが、その起源は、江戸時代の就役誓詞に遡るのかもしれない。武士の誓詞は、本来、主君に忠誠を誓うために書かれるものである。大名や旗本は、将軍が代替わりするたびに、新将軍に忠誠を示す誓詞を提出した。いつしか、それとは別に、新役職に就任するタイミングで誓詞を記すようになったとみられる。誓詞には、誠実に職務に取り組む、贔屓の取り扱いをしない、役職上知り得た情報を家族といえども漏らさない、といった箇条がある。定型文ではあるが、役職によってそれぞれ内容が違っている。そして、誓いを破ったならば神罰を蒙るであろうと締めくくった。末尾の記名箇所には血判《けつぱん》を押した（江戸時代後期には、指に針を刺して出血させて押した）。宣誓は神に対して行うのであり、この点は前近代らしさが色濃いものの、幕府官僚に対する職務面での倫理的統制が強められていることを窺い知ることができる。

†幕府役人が「退職」する時

最後は、「退職」する際の扱いを見て締めくくろう。

武家制度では原則として「家」に対して俸禄が給付され、個人に対して与えられるのではないので、老年により役職を辞したとしても、役料が停止されるだけである。しかし、高齢者を敬う社会であったので、退職金制度はないものの、老年の退職者には褒美金が支給された。

貞享三（一六八六）年、七〇歳以上の番方役職の幕臣七人に金二〇枚が下された。これが「老衰御褒美」の早い事例である。以後、七〇歳以上で職務を辞した者には褒美が与えられるようになった。しかし、役職に籍を置いていても、病気などを理由に負担の大きい仕事を断る者がいる。そのため享保五（一七二〇）年には、七〇歳以上であっても他国への出張や上方での勤務（一年単位の在番）を断った者は「老衰御褒美」の対象外となっている。時代を下るにつれさらに基準は厳しくなっていき、文政四（一八二一）年段階では、七〇歳以上、かつ三〇年以上勤続したならば御褒美の受領を願い出て然るべきとの判断が示されている。年齢条件だけでなく勤務歴が伴わないとダメだというわけである（『日本財政経済史料』2）。背景には、江戸時代中後期の経済発展により、人々の健康寿命が延びていることもあるのではないかと考えられる。

いわゆる定年の制度はないので、健康に職務にあたることができるなら生涯現役も可能であった。務めをもう続けられない、続けたくないと自身が考えるようになったら、願を出して役職を辞し、隠居することになる。隠居すれば、家督は実子等に引き継がれるので、家という単位でみれば損失は少ない。そのため、三〇〜四〇代という若さで家督を子に譲ってしまう者もいた。ただ、隠居しなければ、父子それぞれが役職に就任でき、役料を受給できるので、少しでも収入を多く確保するため隠居せずに続ける方が一般的だった。とはいえ、江戸城まで徒歩なり馬なりで出勤しなければならないわけで、体力的な限界はあるだろう。隠居により惣領が跡を継ぐと、今度は彼が家禄を受け取ると共に、隠居者の扶養義務を負うことになる。隠居者は退職金で暮らすのではなく、家禄を受ける当主が責任をもってその生活を支えるのである。

第七章
町人の「働き方」さまざま

†少数派だった「正規雇用」

第六章までは武士身分の「雇用労働」について各方面から紹介してきたが、本章からは、武士のような特権を持たず、自分の力で稼いで暮らしていた町人や百姓に目を向けたいと思う。

「町人」とは、商人・職人などとして生活を営む都市居住者のことをいう。江戸時代の都市というと江戸・大坂・京都などが思い浮かぶが、それぞれ社会構造や産業構造が違うので、同じ町人といっても違いがある。紙幅の都合もあるので、当時最大の都市であった江戸を中心に、町人の働き方、特に雇用労働の特徴を探ってみたい。

一八世紀前期に江戸の人口は一〇〇万人を超し、世界的にみても有数の大都市に発展する。しかし、その半数近くは武家人口であり、かつそのおおよそ半数は、参勤交代する藩主に供して国元から江戸にやってきた武士などであった。家族と共に江戸に永住している武士は、旗本・御家人とその家臣、一部の大名家関係者に限られる。

それに対し町人は、絶えず江戸以外の地から流入してくる住民が加わっていくものの、多くは数十年以上の長期居住者である。「江戸っ子」といえば町人が思い浮かぶのは、そういう理由がある。

江戸の町人人口に関しては確実なデータがある。町奉行所が町人の人口調査を定期的に行っていたため、概数ではなく端数まで算出されている(ただし、把握方法の問題があって、実際の居住者数とはずれがある)。江戸時代前期に増加の一途をたどった町人人口は、江戸時代中期以降安定し、ほぼ五〇万人台を推移するようになる。興味深いのは、一八世紀初頭において、町人の男女比がおおよそ男2に対し女1の割合であったのが、幕末には男女比がほぼ等しくなる点である。これは、単身男性の割合が多かったのが、次第に家族生活者が増えたということを示す。なぜ初頭には単身男性が多かったのか、その理由は、江戸の雇用労働をめぐる環境を知れば分かる。

なお江戸には、近郊農村や諸国から毎年、数万人の出稼ぎ人がやって来ていたが、彼らは江戸の町人には含まれない。ほかにも、さまざまな理由により人口調査の対象から洩れてしまう諸存在があった。それらを含めれば、六〇万人ちかい庶民が江戸で日々を過ごしていたということになろう。

では、江戸の町人は、どのような就業形態で労働していたのだろうか。どのように生活の糧を得ていたのだろうか。

最初に断言しておこう。「雇用」という観点でいうと、現在と江戸時代ではまったくといってよいほど違う。令和の現在、東京都では就業者全体に対してその半数以上が正規の職員・従業員となっており、期間限定労働者とパート・アルバイトを合算した数字より多い。また、自営業主数は一割に満たない（東京都「東京の労働力調査」、令和四年平均）。昨今は働き方が多様化しているといわれるが、無期雇用契約を結んで働く労働者が過半を占め、かつそうした働き方を「安定性」という面から多くの人が望んでいる。

これに対し、江戸において現代の正規雇用に擬せられるような労働者はごく一部に限られていた。江戸の町人の就業状態で最も多いのは広義の自営業主で、次いでパート・アルバイトや日雇い労働者に似た存在である。奉公人（または召仕《めしつかい》）と呼ばれる雇用労働に従事する者においても、半年または一年程度の雇用契約を結んで働く場合がほとんどであった。江戸の町人の大多数が、家計面で数年先まで見通すことなどできようもない生活をしていた。江戸っ子は「宵越しの金は持たない」などといわれ、気前のよさを示す言葉として受けとめられているが、そもそも貯蓄が可能な暮らしぶりではなかったといえる。

時代劇から思い浮かべることができる江戸町人のイメージと、史実は異なる点が多々ある。江戸の「雇用労働」の特質を理解するために、町人に関する基礎的な説明を加えておきたい。

†江戸の町人地と「町」

江戸という都市空間は、武家地・町人地・寺社地の三要素から成り立っている。身分制社会では身分によって居住区が決められているので、原則として、武士は武家地、町人は町人地に住まなければならない。そして、町人（人）と町人地（土地）については江戸町奉行が行政的に管轄した。

江戸の町人地は、一八世紀後半以降において約一七〇〇の「町《ちょう》」から成り立っていた。この「町」は街区であり、かつ町人の共同体組織でもある。平均的な「町」の姿は、長さ

図９　尾張町あたりの景観（『江戸名所図会』７巻〔部分〕、国立国会図書館デジタルコレクション）
現在の中央区銀座五丁目付近を描いている。大小の商店が軒を連ねており、辻の左手には木戸も見える。

一町（約一〇九メートル）・幅二〇間（約三六メートル）の長方形の区画が、「表通り」と呼ばれる道路を両側から挟みこむ形となる。つまり、一本の通りに向かい合って建っている商家群・住居群が一つのコミュニティ単位となっている。道路が交差する辻がその町の両端となることが多く、そこには木戸が設けられていた。安全上の理由から、木戸は夜間には閉じられることになっていた（図９）。

こうした町の痕跡は現代の東京にも見られる。たとえば、東京都中央区にある百貨店の松屋銀座は、江戸時代にあった新両替町《しんりようがえちよう》三丁目の東半分をほぼ踏襲している。松屋銀座の敷地分を銀座中央通りの西側に折り返して合わせれば一つの「町」の広さということになる。また、東京メトロの駅名となっている茅場町《かやばちょう》・小伝馬町《こでんまちょう》などは、江戸時代の町名から始まった地区呼称を採用したものである。ちなみに、武家地は町人地と異なるため「町」名がつかず、俚俗地名がその機能を代替した。駿河台《するがだい》・霞ヶ関等がその代表格といえる。また九段《くだん》坂・

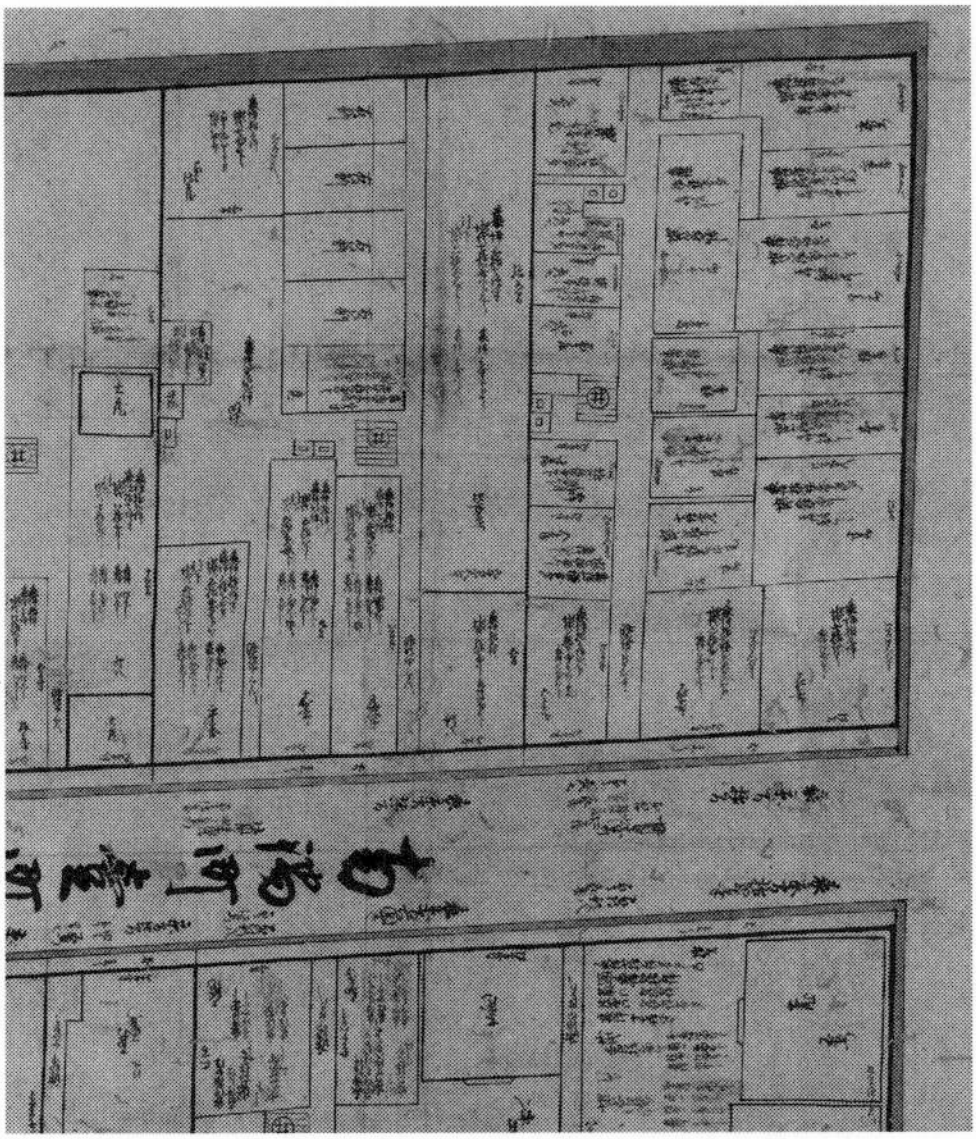

図10　町屋敷の構造（『南鍋町絵図』〔部分〕、国立国会図書館デジタルコレクション）
「町」は町屋敷に区分され、町屋敷内は、表通りに面した表店と、奥まった場所にある裏店とで構成されていることがわかる。各町屋敷の中央付近には共用の井戸も見える。

紀尾井《きおい》坂などの「坂」付き地名の多くもそうである。

一つの町は、「町屋敷《まちやしき》」と呼ばれる短冊形の土地片二〇～三〇ヶ所から構成されていた。町屋敷の、表通りに面した部分（＝間口《まぐち》）の幅には違いがあるが（六～九メートル程度）、奥行はほぼ均等である。町人が土地を不動産として所持する場合には、この町屋敷が単位となる。面積にすると六〇坪から一〇〇坪程度である。町屋敷を分筆することはできなかったので一名義・一単位として扱うが、実際には、内部をさらに細分して利用した（図10）。こうした町屋敷と呼ばれる空間に、富裕な町人も貧しい町人も居住していた。

†家持町人と「町」の関係

武士といっても真正なる「士分」と武家奉公人という身分の序列があったように、町人にも序列があった。江戸の町人は、家持《いえもち》・地借《じがり》・店借《たながり》に分けられる。これは、不動産の所持状況に由来する区別なのだが、それが身分の序列と直結している。

「家持」とは、町屋敷を所有している町人をいう。その町屋敷は、江戸時代初期に先祖が幕府から与えられた場合もあれば、後の時代になって金銭で買い求めて家持になった者もいる。土地の所有権は、沽券状《こけんじょう》と呼ばれる文書を所持することによって担保された。沽券状には、土地区画の所在地・土地の縦横の長さ・土地の売買金額などが記されており、土地取引時には前所有者から新所有者へ沽券状が渡された。

現代社会においては「不動産を持っているかどうか」という違いは、市民としての権利に何の影響も及ぼさない。だが、江戸時代はそうではない。不動産を持つ家持だけが真の町人であって、さまざまな権利を保障され、その代わりに税的負担の義務を負った（町ごとに幕府・藩に対して務めるべき「役《やく》」が定められており、その分を代銭納した。ただ原則的には、百姓のように所持地に対してかかる年貢はなかった）。家持は居住する「町」の自治的運営にも参画できた。家持はおおよそ富裕層であり、町人の戸主数に占める家持の割合は一〇％前後に過ぎなかった。よって、家持であることはステータスだった。

「町」は、町内に町屋敷を所持する家持町人が金銭負担する「町入用《ちょういりよう》」によって維持された。町奉行所は、現在の都庁・区役所のように公共サービスを提供するわけではないので、住民は自分たちで「町」を住みやすくする必要がある。先ほど、幕府による人口調査が行われたと書いたが、戸別調査を行って結果を集計するのも町奉行所の役人ではなく、その「町」の町役人らである。町役人には名主・組頭があり、家持町人の中から選ばれた。紙や筆など必要な事務用品の費用、文書の清書などをする筆者《ひっしゃ》（書記担当者）の雇い賃、その他、役所に提出するまでにかかるもろもろの費用や手間は居住者自身が担った。また、「町」の両端にある木戸の脇には番人を置いて安全を見守らせたが、その雇い賃や、火事に備えて町火消《まちびけし》（江戸時代中期に設置された町人による消防組織）の者たちに予め頼んでおくのに必要な費用も町入用から支出される。町入用は、現在の自治会費と市町村民税の機能を一部包含しているといえよう。なお、先に出てきた筆者・木戸番人・町火消の者は、町入用から恒常的に経費を支出して雇い入れている者たちであるが、雇用というより契約関係にあたる。

家持町人は町屋敷を所持しているので、規模の大小はあれ、商売を営む経営者であることがほとんどである。業種は多種多様にわたるが、地所に店舗を建設し、必要に応じて召仕などを雇って営業している。店舗は、表通りに面した場所に建てられるのが普通である。

†「裏店《うらだな》」のエリアと地借・店借層

町屋敷は奥行きが三六メートルほどもあるので、奥のほうまで家持町人の店舗敷地としては使いきれない。そこで、表通りから細い路地を通して奥にアクセスできるよう区画を整え、その土地を他者に利用させた。そうした空間を「裏店」と呼んでいる。裏店には、共同住宅である長屋が建てられ、部屋ごとに賃貸しされた。つまり家持は、店舗の裏側ではアパート経営のようなことをしていたことになる。なお、家持から土地を借り、自己資金で店舗兼住宅を建築して何らかの営業を行っている町人を地借、裏長屋を借りて居住し、何らの生業で暮らしている町人を店借といった。地借・店借が、家持と対比される町人にあたる。

家持は、地借・店借の町人から賃貸料を取り立てるだけでなく、町奉行所から出される御触の伝達など行政面の連絡をしたり、井戸などの共用施設の維持管理をも担っていた。町屋敷を所持していれば毎年安定した賃貸収入が見込めるので、富裕な家持町人の中には、投資物件として、自分の居所とは別の場所にある町屋敷を購入する者もあった。その場合、その町屋敷には家守《やもり》という管理人を置いて諸般の仕事を代行させた。家守は家主《いえぬし》・大家《おおや》ともいう。落語の世界に出てくる大家とはこのことである。

地借は、借地とはいえ自己資金で建物を建てて事業を行っているわけで、それなりに経済力を持っている存在と言える。ただ、家持と異なり不動産たる地所を持たないため「町」の運営に参画することはできず、また、町入用を負担する必要もない。家持よりも町人としての身分は低いことになる。

そして店借は、裏長屋を借りて生活する下層町人である。この店借が、江戸の町人の大半を占めている。落語に登場する八つぁん、熊さんはこの階層にあたる。彼らは、江戸における小商いの担い手であったり、職人であったりした。また各種の雇用労働の引き受け手でもあった。

†「その日稼ぎ」の者の労働形態

店借町人は、四畳半から六畳一間程度の部屋を借りて、家族と共に暮らすのがふつうである。資産などはとても形成できず、家財も限られており、「その日稼ぎ」の生活をしていた。

この階層における代表的職業としては「振売《ふりうり》」が挙げられる。魚や野菜といった生鮮食品の振売の場合、朝に市場で仕入れた商品を天秤棒《てんびんぼう》（棒の両端に荷物を吊り下げる方式）などで担いで得意先を売り歩き、その利益で日々の食費や裏長屋の賃借料を賄っていく。彼らは皆、独立自営業者である。

江戸では振売によってあらゆる品物が商われた。花や植木、笊などの生活用具、子ども向けの玩具を売る振売もあれば、生活道具の修理や古紙回収など「売る」のではない振売

図11　さまざまな振売商人（『東都歳事記』2巻、国立国会図書館デジタルコレクション）
季節は初夏。魚（鰹）の振売のほか、菖蒲の節供の飾り刀、籠などさまざまな商品を商う振売の姿がみられる。

もいる。あらゆる小売を振売が担っており、店舗での小売販売は一般的でなく、高級商品や有名商品（名物菓子屋など）・限定商品（京都・大坂などに本店があり、江戸ではその支店でしか販売していないなど）が主である。家持町人が表店で営む商売としては、問屋・仲買業が多い。振売は、こうした表店の商人からも商品を仕入れて移動販売することになる。自動車も自転車もない時代なので小売業の商圏は狭い。ゆえに無数の小売商＝振売が必要とされたのである（図11）。

　振売の派生形態として「屋台見世」や「床見世《とこみせ》」がある。屋台見世は、現在の祭礼に出店する屋台と似た形式で、往来で商品を並べて販売したり、簡単な調理を行って食べ物を販売したりした。夜鳴き蕎麦屋や屋台の鮨屋などがそれにあたる。テキ屋業と違って通年営業するので、現代のキッチンカーによる商売の位置づけに近い。一方、床見世は、両国広小路などの広場で、営業料を支払って、葭簀《よしず》張りなど仮設の屋根・覆いを伴う店舗を営むものである（図12）。こちらは、海水浴場に設置される「海の家」のような商売といえる（やはり通年営業ではある）。これも当然、自営業者である。

　振売にも技術を必要とする職種はあるが、全般的には熟練を要しない。商品を運搬したり製造するための道具さえ確保できれば商売を始めることができるが、収入を増やすことは容易でない。振売を稼業とするような店借町人は収入が不安定であるため、「日雇取《ひようとり》」に従事する日もあった。日雇取とは、言葉のごとく日雇い労働である。一日働いてその一日分の賃銭を受け取るもので、多くは単純肉体労働に

図12　葭簀張り粟餅店の図（『守貞謾稿』〔部分〕、国立国会図書館デジタルコレクション）

従事した。このように貧しい町人は、さまざまな仕事を組み合わせて生活をなんとか成り立たせていたのである。

同じ裏長屋暮らしではあるが、振売よりは少し安定的で、それなりの収入も見込める職業として職人がある。大工や左官《さかん》（壁塗り職人）・石工《いしく》（石材加工職人）・髪結《かみゆい》（男性のちょんまげを結う職人）などが代表格である。ただし、職人になるには、若年時から親方に弟子入りしなければならない。弟子入りする場合、その親方の家に住み込むことになる。徒弟期間中に給金などは支払われないが、食事や生活に必要な諸経費は親方が面倒を見てくれる。何年かして一人前の職人になれば、手間賃を受け取れる。

この職人における親方と弟子の関係も雇用関係とはいえない。親方が仕事を請け負って弟子筋の職人を働かせることもあるが、技術に応じた金額が渡されることになる。また、菓子職人などでは、職人の派遣組織に登録しておいて、随時、菓子屋に勤めるという方法も取られた。つまり、特定の菓子屋に所属する職人ということにならず、店を変えることもできた。職人には技術を持つ者としての自立性があり、本質的な雇用／被雇用関係にはならなかった。

†江戸の奉公人・召仕の特徴

表通りに店舗を構える町人は経営者である。振売も職人も自立的な労働者である。では、雇用労働に従事する町人はどこにいるのだろうか。

まず、大店《おおだな》の奉公人である。大店とは、商品の問屋業など（小売をする大店もあるが多くはない）を営む大規模商家のことで、一〇〇人以上の奉公人を召し使う店もあった。代表的な大店としては三井越後屋が挙げられ、現在の有名企業とつながっていることも多い。大店の奉公人の詳細については次章以降に譲るが、とりあえず指摘しておきたいのは、奉公人は原則的にその店に住み込みで勤めるということである。三井越後屋のように上方に本店がある場合、本店で奉公人を採用して江戸店（支店にあたる）に行かせるので、住み込みは当然となる。裏長屋に暮らし、通勤する奉公人はほとんどいないということになる。ちなみに、大店の奉公人は、何十年にもわたってその店に勤めることが可能であった。

また、大店ほどの規模でなくても、表通りに店舗を構えるような商人の中には召仕を雇う店もあった。奉公人と召仕の働き方はあまり変わらないが、召仕では、長期雇用というよりは、一年あるいは半年の雇用契約を結んで勤めることが多かった。第四章で触れた武家奉公人と同じである。契約時には奉公人請状《ほうこうにんうけじょう》を取り交わし、契約金の一部を前金として渡して働いてもらう。契約により、武家における主従になぞらえられる関係に移行するともいえる。長期雇用の奉公人の場合、人別《にんべつ》と呼ばれる戸籍情報も、奉公前までは父母らと共に家族単位で把握されていたのが、勤務先の商家の人別に移された。店の主人・家族に次ぐ存在として一まとめに記載されたのである。

奉公人・召仕のほかに、台所仕事などの雑務をさせるために裏長屋暮らしの町人が雇われることもある。この場合は通勤制を取ることもあるが、日限《ひぎり》・月限《つきぎり》などの短期契約で、賃金も安い。日雇取の派生形態といえる。

店に住み込むということは、家族とは生活できないということになる。そのため、大店の奉公人のほとんどが独身男性であった。また一般商家の召仕も、独身男性のほか、結婚前の若者層が多数を占めていたと考えられる。奉公人・召仕は、一定期間の雇用契約と引き替えに、経営者である商人の「家」の組織に包摂されるという原則が取られ続けたため、家族を持つ暮らしとは両立しにくくなっていたのである。

第八章　「史料」に見る江戸の雇用労働者の実態

第七章において、大店《おおだな》の奉公人には現在の正規雇用に擬せられるような存在もあったが、それは町人のごく一部に限られ、店で働くとしても一年や半年の期間雇用が主であったことや、雇用労働よりむしろ自立的な性格を持つ職人や振売《ふりうり》といった働き方をしている者が多かったと述べた。また、月雇・日雇《ひよう》といった短期契約による労働もあったと触れた。大枠はその通りなのだが、読者にとってはなかなかイメージしにくいだろうと思う。そこで本章では、具体的な事例を紹介することを通じて、そうした労働者の姿を捉えていきたい。

†人別帳からわかる江戸の町人の働き方

一つの町や村に、その時点で、どのような住民がいるのかを把握するために作成される文書が宗門人別改帳《しゅうもんにんべつあらためちょう》（人別帳）である。現在の戸籍にあたる。言葉通り、住民が切支丹＝キリスト教徒でないことを確認するための記載も含まれるが、それ以外のさまざまな個人情報が人別帳には盛り込まれている。家族構成・年齢・職業などである。江戸では、町ごとに町役人（名主・組頭）が住民の移動状況を把握し、数年に一度は、浄書した人別帳を役所に提出した。情報把握のための台帳や役所へ提出された簿冊の控えが町の側に保管され、受け継がれていた。

江戸時代後期の江戸には約一七〇〇の「町」があったので、少なくとも数万冊の人別帳が作成されていたことになるが、現存するのは、幕末期の一〇町ほどの人別帳、二十余冊のみである。村方の人別帳では、一つの村だけで一八世紀段階から何十冊も残っていることもあるので、判明する江戸町人の情報がいかに限られているかがわかる。

現存するなかで最も古い四谷塩町《よつやしおちょう》一丁目の安政四（一八五七）年人別帳から、雇用労働者の姿をみつけてみよう。四谷塩町一丁目は、江戸城の外堀門である四谷御門のすぐ西側にあり、現在は複合型施設の「コモレ四谷」の敷地となっている。竈数（世帯数にあたる）二〇〇〜三〇〇程度、人口七〇〇〜九〇〇人程度で、町内は二二の町屋敷から構成されていた。「四谷塩町一丁目人別書上」は東京都江戸東京博物館に所蔵されており、『江戸東京博物館史料叢書』に翻刻されている。

人別帳をひもとくと、町内には実にさまざまな生業をもって暮らしている人たちがいたことがわかる。医者、蕎麦渡世《とせい》（渡世は〝なりわい〟の意）、質渡世、鼈甲《べっこう》職、鳶人足、大工職、鍛冶職、日雇稼、団子売、桶職、長唄《ながうた》指南、駕籠屋、髪結など職種は際限ない。

そのなかから、町屋敷を所有して商売を営んでいる家持町人の実例を挙げてみる。五兵衛（三二歳）は味噌渡世を稼業とし、妻くめ（二四歳）、母こと（四四歳）、五兵衛の姉（五〇歳）、姉の悴（二一歳）と一緒に暮らしている。母が年若なのは亡父の後妻のためだろう。なお、五兵衛の味噌渡世とは味噌の問屋・仲買業なのか、味噌の製造販売なのかは分からない（醬油と違って味噌は、都市店舗内でも製造できる商品である）。ただし、五兵衛の店には召仕として佐七（二六歳）と友吉（一九歳）が住み込んでいるので、家族経営を超える規模で営業していたといえる。この召仕佐七の檀那寺は高田清源寺とあるので、四谷からほど近い豊島郡高田村（現東京都豊島区）あたりの出身だと推測できる。江戸の周縁エリアから中心地に奉公に出るパターンである。五兵衛については、一九世紀前期に幕府が町名主に対し、各町の沿革や現況の調査を命じて提出させた「町方書上《まちかたかきあげ》」にも情報がみえる。屋号は加賀屋といい、七代・一五〇年にわたり江戸で味噌商売を行ってきたという。五兵衛の店の隣地には幸七（三八歳）が家族と五人暮らしをしている。この幸七は「五兵衛方に通勤」とあるので、五兵衛の経営を支える番頭《ばんとう》のような存在であったと考えられる。番頭など商家を仕切るような地位に上ると奉公人でも別宅を許された。特別待遇なのである。ちなみに幸七は遠江国山名《やまな》郡篠ヶ谷《しのがや》村（現静岡県袋井市）生まれ、妻「よね」は江戸生まれである。江戸に出稼ぎ奉公に来て、幸七とよねは出会い、結婚したのだろう。

同じ町内に住む家持町人で呉服渡世の藤七（四〇歳）は、下野国簗田《やなだ》郡久保田《くぼた》村（現栃木県足利市）の生まれである。家族は同居するが召仕はいないので、小規模な小売店を経営していたと推測される。久保田村は絹織物産地の上野国桐生にも近いので、有利な商品仕入れルートを持っていたのかもしれない。この藤七所持の町屋敷には喜兵衛（五二歳）が地借して人宿渡世を営んでいた。喜兵衛は上総国夷隅《いすみ》郡（現千葉県南部）の出身なので、上総国の百姓を武家奉公人などとして斡旋していた可能性が高い。藤七所持の町屋敷内にある裏長屋で暮らしていた店借としては、越後国出身の針医の悦一（五八歳）らの名前も見える。悦一は、その職分と「一《いち》」がつく名前から、当道座《とうどう》という盲人の組織に属していたことがわかる。また、後家「りつ」（六五歳）のように、高齢女性が独居で賃仕事をして暮らしてもいた。このように人別帳の記載を見ていくと、江戸の町人において雇用労働者はそれほど多くなかったという見解に納得がいくことになる。

もちろん場所柄による違いはある。町奉行が管轄する江戸の範囲は、東は本所・深川まで、北・西・南はおおよそ現在のＪＲ山手線ラインあたりまでである。中心市街地という

図13　表店商家の店頭の様子（『東都歳事記』3巻〔部分〕、国立国会図書館デジタルコレクション）
「伽羅之油」（整髪料）を扱う商店。店先で、隠居の婆さんは按摩に肩を揉ませ、子供たちは遊んでいる。家族と召仕数人程度で経営する小売兼卸売店舗の日常風景であろう。

べき日本橋・京橋地区には大店が建ち並んでいるので、当然、奉公人・召仕の人数は多いはずである。それに対し駒込や渋谷など周縁エリアでは商店が少ないので、奉公人・召仕も少ない。四谷はその中間といえる。奉公人・召仕を抱えるとしてもさほどの数でなく（味噌渡世五兵衛方のように数人程度）、妻や悴などが協力して店を切り盛りしているケースが多いだろう（図13）。

なお、四谷塩町一丁目の人別帳の末尾には、江戸以外の地からやって来た男性の出稼ぎ人が三四人いると記載されている。そうしたなかから、味噌渡世五兵衛方で働く幸七のように、働きぶりを認められて昇進し、江戸生まれの妻を娶って、晴れて江戸町人としての「戸籍」を手に入れる人物が輩出していくことになるのである。

†雇用労働者の実際

人別帳から判明する情報は奥深いが、人物の人生ストーリーを知ることはできない。実際、江戸の庶民の具体的なエピソードを明らかにすることは難しいのだが、少しだけそれをうかがえる史料が残っている。孝行者や忠義者を幕府が褒賞するためにまとめられた『孝義録《こうぎろく》』や、罪を犯した町人に対する判決記録である。いわば、幕府によって対極的な社会的評価がなされた町人に関する情報ということになる。前者から挙げていこう。

忠七（二八歳）は南槇町《みなみまきちょう》（現東京都中央区）の店借町人で、春米屋《つきごめ》（精米業）を営んでいた甚右衛門の養子である。天明《てんめい》の飢饉（一七八二〜八八年）の頃、養父は稼業で行き詰まり、借金を作ってしまった。忠七は、養父母を知人に預け、自身は南鍋町《みなみなべちょう》二丁目（現同中央区）の春米屋に年間の給金三両で下男に雇われることにした。以後、七年にわたって（下男の年季奉公は一年契約だが、六回にわたり雇用契約を更新したということになる）、朝から晩まで働き、主人太兵衛に尽くした。次第に給金が上がったので、南塗師町《みなみぬしちょう》（現同中央区）に家を借りて養父母を住まわせることができた。養母は、忠七が暇を取って家に戻ることを希望するようになったが、忠七は、主人の稼業の差し障りにならないよう、もうしばらく働きたいと希望しているという（『孝義録』六）。

次のような話もある。本所元町《ほんじよもとまち》（現同墨田区）に住む権太郎（二七歳）は鍛冶屋の子で、一一歳の時、小伝馬上町《こでんまかみちょう》（現同中央区）の鍛冶職三右衛門のもとへ一〇年季の弟子奉公に出た。鍛冶職としての技術を学ぶための徒弟奉公である。一〇年の年季が明けると、主人三右衛門の求めに応じて、一ヶ月金三分の給金で雇われて働くようになった。弟子奉公中に父は亡くなり、妹は嫁したので、母は一人暮らしとなってしまった。母が足を痛めて歩けなくなると、三右衛門の家の二軒隣りに権太郎は家を借りて母を住まわせ、孝行を尽くすようになったという（『孝義録』六）。

前章で触れたように、奉公人や召仕の場合、原則的には住み込みで働くことになる。そのため、忠七にしても権太郎にしても二〇代の若者である。『孝義録』に載る他の事例をみても、奉公人や召仕として主人に「忠義」を尽くしたと称えられている人物は、若者か独身者ばかりである。妻子をもったり、家族と同居してこうした雇用労働に従事することは難しいことがわかる。だから忠七は、自身が下男奉公をするために養父母を知人に預けたのである。そして借金が清算された後、忠七の養母は、忠七に結婚して所帯を持ってもらいたいがために、暇を取らせてもらうことを主人に掛け合ったのである。権太郎の場合は、同居が叶わないので、母を奉公先の目と鼻の先に住まわせてしょっちゅう様子を見に行くという選択をしたということになる。

続いて、罪に問われた商家の下男の事例を挙げてみる。『御仕置例類集《おしおきれいるいしゅう》』は、町奉行所・勘定奉行所など裁判を扱う幕府機関で出された判決を集めたものである。犯罪の種別ごとに判例が掲載されている。文政一〇（一八二七）年に品川歩行新宿《かちしんじゅく》一丁目（現東京都品川区）の旅籠《はたご》屋伝蔵方で起こった事件を紹介したい（『御仕置例類集』九三）。処罰を受けたのは、伝蔵方に「月雇」（月締め契約）で雇われている新五郎という人物である。新五郎は三月一一日の晩、店で不寝番《ねずのばん》をしていた。現代の時刻でいえば夜中の一時頃、蒲団《ふとん》が焼ける騒ぎがあった。それを女中の「さく」と一緒に見付け、すぐさま消火した。しかし火《ひ》付盗賊改方《つけとうぞくあらためかた》の同心にそのボヤの風聞が伝わり、吟味を受けることになったのである。その際、旅籠屋の主人は、「さく」が事件に関与したように聞こえては困るため、事件は失火であり、新五郎一人が発見して消火したと証言するよう指示した。偽るよう指図した理由は不明だが、主人は「さく」を一般的な女中として抱えておりながら飯盛女《めしもりおんな》（売春行為を行う女中）として働かせていたのかもしれない。その後、この出火は、「とよ」という女性の放火によるものであったことが判明した。事件の真相が明らかになり、新五郎は偽証したことを咎められる結果になったのである。しかしそれは主人の意に従ったためなので、刑罰は軽減され、「叱り」刑となった。この事例から、商家の経営向きに関わらないような仕事を「月雇」の者が担っていたこと、このような短期契約にあっても、主人との主従関係が重視されたことが分かる。

†商家奉公人をめぐる法制度

新五郎の事例から理解されるように、奉公人や召仕、下男などが店で働く契約を交わすということは、その期間がごく短期であろうとも、店の主人との間に武士の主従関係と同様な関係が生じることを意味した。それゆえ、犯罪が主従関係に関わるものであった場合、刑罰の軽重にも影響したのである。奉公人が主人を殺した場合はもちろん、傷を負わせただけであっても磔《はりつけ》刑になる。磔刑は、いくつかある死刑の方式の中で最も重いものである。

江戸時代中期に成立した幕府の刑法典である「公事方御定書《くじかたおさだめがき》」には、奉公先と奉公人の間に発生しがちなさまざまなトラブルに関する対処法や量刑が示されている。その中から、現代の感覚では理解しがたいような法規の幾つかを紹介してみよう（「公事方御定書」は、高塩博『江戸幕府法の基礎的研究《論考篇・史料篇》』掲載の条文に拠った）。

奉公契約時には身元保証人を立てる必要があったが、その請人は、身元保証のみならず、トラブル発生時の対応までしなければならなかった。武家奉公人の場合、人宿と呼ばれる人材派遣業者が請人の役割を兼ねた。一般の商家奉公人・召仕では、同様に人宿が請人となる場合もあるし、本人の父親や親類が請人に立つこともあった。奉公人が、勤めている商家に対して何らかの損失を負わせた場合、請人が償わなければならず、責任は重かった。大変なのは、奉公人が奉公先から行方をくらました場合である。まず請人は、行方不明になった奉公人の捜索を行わなければならなかった。また、奉公契約を結ぶ際には、約束した年間の給金の何割かを前金として渡すのがふつうなので、前金分も働かないうちにいなくなったなら、その分の返金を請人が請求されることになる。返金が滞ったならば請人は「身代限《しんだいかぎり》」（債務の弁済を強制執行される）などの刑事罰を受けることにもなりかねなかった。奉公人が病気を理由に宿下がりを願い出、快復した後も店に戻らず、他の店へ奉公に出るような事態が発生したなら、請人も奉公人自身も「闕所《けっしょ》」（財産没収）や「江戸払《えどばらい》」（江戸からの追放）を申し付けられた。これは「身代限」より相当重い。

なお、これらは法律上のことであって、実際に奉公人・召仕、請人がそうした刑罰に処されたとは限らない。店の主人が奉公人から危害を加えられたような場合は事件になるが、奉公人が奉公期間の途中で行方不明になった場合などは、いちいち奉行所に訴え出るようなことはしないだろう。奉公先と請人の間で話し合いがもたれ、内々に処理されたとみられる。裁判にかけるには手間も時間もかかるからである。しかし、このような法律があれば、不義理を働きかねない奉公人や請人に対する歯止めとなったはずである。ちなみに「公事方御定書」は、現在の法律のように公布されたわけではない。あくまで裁判を担当する人物が量刑を判断できるようにとの目的で作成されたものである。しかし、その内容については広く民間に写本の形態で流布していたので、奉公人が身勝手な行動をしたなら、周りにどのような迷惑をかけることになるのかは理解していたはずである。

こうした、主人と奉公人をめぐる法の問題については、改めて第一〇章で取り上げる。

†日雇《ひよう》（日用《ひよう》）という労働形態の広がり

ここで、日雇（日用）という短期的雇用労働者が担った仕事について確認しておきたい。日雇は、江戸に生まれたさまざまな労働需要の引き受け手となり、江戸の雇用労働を変容させたともいえるからである。

江戸時代前期に幕府は、町人に日用座という組織を作らせて日雇を管理していた。日雇は日用座に登録させられ、役銭《やくせん》（登録料にあたる）を納める代わりに日用札（営業許可証にあたる）が交付された。その上で日雇は、札頭《ふだがしら》（日用の親方層）や入口《いれくち》（日雇の差配業者）の紹介を受けて日雇労働に従事したのである。現代の短期的労働においても派遣会社や手配師が介在しているのと似ている。

日雇の元来の仕事は、工事現場で土や石をもっこ（縄などで編んで作った運搬用具）や荷車で運ぶことや、米舂《つ》き（精米）であった。米舂きは、餅つきと同じく、臼に玄米を入れて杵で搗くやり方で、単純肉体労働である。なお、一日あたりの日用賃は公定されていた。これにより雇う側にとっては、競合や日雇のねだり行為による日用賃の高騰を抑えることができるというメリットがあった。しかし次第に、江戸外から流入してくる人々が無札、つまり日用座に登録せずに日雇稼ぎを行うようになる。役銭の徴収は滞り、日用座を通した掌握が困難となっていった。結局、寛政九（一七九七）年に日用座は解体される。

江戸時代中期になると、日雇の仕事は、単純な肉体労働だけでなく商家の雑務全般に広がっていた。店に住み込みで働く奉公人・召仕は、帳場を預かるなど店にとって重要な職務を担うのに対し、水汲みや台所仕事、（品川宿の新五郎の例に見た）寝ずの番など周辺的な仕事は、月単位などで雇われた日雇が、住まいのある裏長屋などから通勤して務めるようになっていた。そうした実態にも追われる形で幕府は日用座の廃止を決めたのである。以後は、口入《くちいれ》の者が自由に江戸中で日雇の斡旋を行ってよいことになった。これによりますます、日雇が担う仕事の種類が増えることになったと推測される。日雇は、江戸の下層町人の職業として定着していった。

なお、日雇の中には、裏長屋などに住居をもたず、短期的な住み込み労働を繰り返す者もいた。武家奉公人と同様に、一年以下の雇用契約を繰り返して寝起きする場所を確保している単身者ということになる。つまり、人宿により武家屋敷の中間・小者として派遣される人たちと、このタイプの日雇は、共通する背景をもつ町人層であることがわかる。

†町人にとって理想の働き方

見てきたように、特殊な技術をもたない者が、家族と暮らす住まいから店に通勤して仕事をする場合には、原則的に「日雇」として雇われることになる。店の経営に関わる職務には従事できず、給金も低く抑えられていた。一方、奉公人・召仕は、店の商売を実質的に差配でき、一〇年以上にわたる継続的な雇用も期待できた。さらに高い給金も与えられたが、店に住み込まなければならず、家族をもてない単身暮らしを余儀なくされた。江戸の町人が、やりがいのある仕事をし、経済的にも豊かになり、かつ家族との暮らしを大切にしたいなら、自分で店を開くか職人の親方層となることが近道であって、残念ながら被雇用者の立場では実現しにくかったということになろう。

第九章　大店の奉公人の厳しい労働環境

江戸において、現代の正社員のように期限等を定めず、事業者に継続雇用されていたのは大店の奉公人にほぼ限られていた。本章では、その大店の奉公人の労働世界を扱いたい。なお、江戸に存在した大店のほとんどが、上方《かみがた》に本店があり江戸に出店を持つタイプの商家だった。そのため、取り上げるのもそうした大店の事例となる。

第八章で、現存する江戸の宗門人別改帳の話をしたが、江戸の商家文書に関しても現存する文書はごく限られている。それこそ、家族経営やそれより少し大きい程度の商家が星の数ほど存在したはずだが、ほとんど残っていない。商売の盛衰によるばかりでなく、江戸・東京で発生した幾度もの大地震や戦災の影響もあって失われてしまったと考えられる。

そのなかで、江戸の大店の代表格と見なされていた商家の文書が少なからず残っているのは、天災や戦災の危機に直面した際にも、奉公人を使って安全な場所に運び出させたりすることができたためであろう。呉服商三井越後屋の史料は公益財団法人三井文庫に、同じく呉服商の白木屋《しろきや》の史料は現在、東京大学経済学部資料室に保管されている。これらの史料を分析した研究成果（西坂靖氏や林玲子氏らの研究）に拠りながら、大店の奉公人世界について、特に奉公人の人事制度や生活の様子に注目しつつ、みていきたい。

†「上方の本店」と「江戸の出店」

「大店」という言葉をタイトルで使っているが、そもそも、大店とはどのような店を指すのだろうか。

まず、奉公人の数である。業態によって必要な奉公人の数も違うので絶対的な数字ではないが、一つの店に五〇人以上が働いているようなら大店と言って差し支えないと思われる。なお、前章で触れた通り、店には、営業や経理などに携わる奉公人と、台所で食事をつくるなどの雑用仕事だけを担う短期雇用された下男・下女がおり、後者は奉公人の人数に含めない。三井越後屋の場合、越後屋の屋号を用いて呉服・太物《ふともの》を商うグループのほか、両替店グループもあり、京都と江戸にそれぞれ複数店舗を構える豪商である。各店舗に数

図14　駿河町三井越後屋の図（『東都名所　駿河町之図』、国立国会図書館デジタルコレクション）
この場所が、寺社仏閣と並ぶ江戸の「名所」として描かれているのは、その光景の希少性ゆえといえる。

十人から一〇〇人を超える奉公人がおり、系列全体の奉公人数は六〇〇〜一〇〇〇人以上となる。

大店と呼べるかどうかの指標はもう一つある。店の間口《まぐち》の広さである。江戸時代には、通りに面した間口の広狭に応じて各種の税的負担が課されたので、商家は、間口が狭く奥行きが深い「うなぎの寝床」となることが多い。しかし、経営規模で群を抜く大店になると、税的負担よりも商売の利便性などを優先して間口の広い店舗を設けるようになる。一般的な市中の商家の間口がせいぜい一〇メートル程度であるのに対し、大店には三〇〜七〇メートルにも及ぶものがあった。

図14に描かれている駿河町の三井越後屋の店先のように、同じ店印《みせじるし》が染め抜かれた暖簾《のれん》が続いている光景は、江戸でも限られた場所でしか見られないのである。

江戸に住む誰しもが知っているような大店のほとんどが、上方に本店があり、江戸の店は出店である。なぜだろうか。

都市江戸は、豊臣秀吉の命令により領地を関東に移された徳川家康が、天正一八（一五九〇）年に本拠地としたことから始まっている。それ以前の江戸は、戦国大名北条氏の支城が置かれた地で、小さな町場が城の周りにあるばかりだった。江戸はその後、幕府政権の中心地となり、爆発的な発展を遂げていくことになる。都市計画に基づいた開発が進められ、武家地は山の手台地、町人地は日本橋・京橋地区を中心に配置された。

江戸時代前期段階では上方と関東の格差が大きく、関東には、上流階級が用いる工芸品や着物類を製作できる職人もいなければ扱える商人もいなかった。そのため幕府は、上方の商人が江戸に店を出すことを求めた。上方の商人にとっても、商品を江戸に運んで販売するだけで多額の利益を上げることができたので、商機とみて次々に出店していった。江戸時代後期になると、江戸で発祥し、大店に成長する商人も出てくるが、中期までは、大店のほとんどが上方資本の江戸出店である。また、そうしたタイプの大店は、商品を上方の本店で仕入れて江戸店に送り、江戸店は、仲買や小売に卸販売する問屋業態が多い。

大店が扱う商品の代表格として挙げられるのは呉服（絹織物）、太物（木綿織物）、酒、薬種《やくしゅ》（漢方薬の原料）、紙などである。生鮮食品や建築資材のような一次的産品を除くと、江戸の上流階級が消費するもののほとんどが上方産であった。特に繊維関係は高額商品であるため、売上規模が大きく、大店に成長するものが多かった。なお、商品によって上方のどこに本店を置くかの違いは生じるものの、主に京都・伊勢国・近江国に置かれた。「伊勢商人」「近江商人」の語が思い浮かぶが、これらは、伊勢国や近江国に本店を構え、江戸をはじめとする諸国で商売を展開している経営体のことを指す。

江戸店はあくまで出店という扱いである。そのため、店の主人は一貫して上方の本店に居住している。やや規模が小さな近江商人などでは、主人が上方の本店と関東の出店を行き来することもあるが、大店では主人が上方から動くことはない。とはいえ、本店の主たる機能は仕入れで、販売は江戸で行われるので、江戸店の動向が経営利益に与える影響は大きい。そのため江戸店は、もっとも有能な奉公人に任せられた。もちろん、江戸店の経営方針などは本店で決定された。江戸店といっても複数店舗を展開する場合もあるし、江戸以外の地に出店を持つ場合もある。そうした店全体を統括するのが本店の役割でもある。

†奉公人の人事制度

大店の奉公人がどのような一生を歩むのか、入店から順に追ってみてみよう。大店は奉公人の数が多いこともあり、しっかりとした人事管理が行われている。奉公人に渡される報酬や勤務評価などに関する記録簿も作成されており、かなり詳細な情報を知ることができる。

標準的には一一〜一二歳程度で採用されて入店する。男子のみである。採用は上方の本店で行われた。三井越後屋は少し独特で、京都の本店の採用は京都で行い、江戸店の奉公人は、三井家発祥の地である伊勢国松坂《まつさか》周辺の者から採用した。京都の本店で採用された者はほとんどが京都の市中育ちで、呉服産業に関係する出入りの職人の子弟などが多いという。入店すると、最初は子供《こども》（丁稚《でっち》）の階梯に位置づけられ、昼は手代《てだい》の言いつけに従って店の雑用を務め、夜は習字やそろばんなどを習練した。子供（丁稚）には給金は与えられないが、着物や食事は支給される。入店後五年ほどして元服すると若衆《わかいしゅ》となり、給金が出るようになった。が、白木屋においては入店後九年目の「初登《はつのぼり》」までは手代に昇格できず、手代に准ずる扱いに留まったという。「初登」とは上方にいる店の主人に初めて挨拶をし、併せて上方にある実家に帰ることを許される機会をいう。この「初登」は奉公人の振り分けの機会を兼ねており、主人や重役らによって見込みがないと判断されるとこの時に暇を申し渡された。最初の関門をくぐり抜けて手代になると、店内の各種の仕事を任される。その後は、年功序列と業績主義を併用した人事評価がなされ、昇進制度にのっていくことになる。ただし、全員が支配役・小頭《こがしら》役・年寄役といった役職者になれるわけではなく、残りは途中で店を去ることを余儀なくされた。昇進できなかった者の多くは、二〇代後半から四〇歳くらいまでのうちに店を去った。

出店の最高責任者は、支配役とか支配人と呼ばれた。その下に小頭役や年寄役が数人置かれ、上方の主人の指示を仰ぎつつ、店を運営した。こうした店の総合マネージメントに携わる地位まで上れるのはごく一握り、採用者数の五％程度に過ぎなかった。そこまで到達すると住み込みではなく別宅を許され、ようやく家族を持てた。恐ろしいほどに頂点が尖ったピラミッド型組織である。

四〇歳前後までにほとんどの奉公人が退店を余儀なくされるといっても、彼らはそれで路頭に迷うわけではない。一定期間以上勤め続けた奉公人に対しては退職金が支給されたので、それを元手にして江戸に自分の店を構える者もいた。また、店に奉公人として居る間には結婚ができないので、退店を機に所帯を持つ者もいた。つまり、二〇代後半から四〇歳前後までの退店は、奉公人にとって第二の人生のスタートという性質を持った。高い階梯まで昇進したのちに退店するなら、奉公先と同じ屋号を用いることができたり同じ暖簾印を使用できる、いわゆる「暖簾分け」も許されたので、起業に際しても有利だった。

大店に特徴的な「登り」制度についてもう少し補足しておきたい。上方に本店がある店にはたいてい「登り」の制度がある。奉公人の帰郷・帰宅を認める休暇としての意味を持つと同時に、「登り」の時期に人事的な評価が行われ、無事に「登り」を済ませることができれば奉公人としての階梯が上がった。「登り」は何回かあり、白木屋では、入店後九年目の「初登」、一六年目の「中登」、二二年目の「三度登」、退役した支配役の「隠居仕《いんきょし》舞登《まいのぼり》」の四つだったという。往復の日数もかかるため期間は五〇～六〇日に定められていた。上方の本店に到着すると、店の主人や幹部に挨拶をし、その後に帰郷が許された。奉公人の採用は上方の本店で一括して行われるが、いったん江戸店に配属されると、その後の異動はほとんどなかった。そのため、本店と江戸店のつながりを再認識する機会としてこうした「登り」は機能したと考えられている。

†報酬の支給形態

商家によって奉公人に対する報酬制度は異なるが、子供（丁稚）には報酬は与えられず、元服以降に支払われるようになる点は共通したようである。子供（丁稚）は職人における徒弟期間と位置づけられているのであろう。報酬は、一年あたり給金何両と決められて支給される店が多い。また、何両と決められていても、半年や一年契約の短期奉公人とは違って、一括で渡されるのではなく、本人が必要に応じて帳場から引き出す方式となっていた店もある。なお、三井越後屋では複雑な報酬制度を取っていた。退職時に受け取ることができる金の元手金が元服以降は年々加算されるというのがベースの方式としてあり、別途に、日常生活に必要な衣類・雑貨・食品（賄い飯以外に食べたい場合）を買う費用等として渡される小遣いや、勤務状況の良しあしにより金額が変動する年褒美などの報酬が加算される。役付手代まで昇進するとさらに、割銀といって、店の利益金の分配を受けることもできた。まるで、現代企業の賞与や持ち株制度のようである。これらも丸々現金支給されるわけでなく、必要に応じて引き出して使用した。最終的には退店時に、使った分を差し引くなどの精算が行われ、残額が「合力銀《ごうりきぎん》」として一括して与えられることになった。

なお、奉公途中で本人が死去した場合には、香奠として遺族に渡された。三井越後屋の方式は、単純な給金制度より工夫されている分、人事管理上の手間もコストもかかっていることはお分かりになるだろう。

†奉公人の日常生活

では、こうした人事制度や報酬形態のもとで働いていた大店奉公人の日常生活はどのようなものであっただろうか。江戸時代の商家の奉公人は原則的に住み込みである。朝から晩まで、限られた空間で生活が営まれていたので、全寮制の学校のようなものと考えても遠くはない。大店では、毎日数十人以上の胃袋を満たすために、米や野菜が大量購入されていた。そうした物品購入に関する文書もあり、奉公人の暮らしぶりはかなり復元できる。

食生活は概して劣悪であったと考えられている。白米のほかに味噌汁または一菜がつくだけであったという。そのため、脚気《かつけ》を患う者も多かった。手代に昇格すれば給金が出るので、お腹がすいたら食べたいものを買うこともできるが、給金がでない子供（丁稚）にはそれが難しい。しかし実際のところ、子供（丁稚）は、店の使いの途中で、往来に出店している屋台に立ち寄り、菓子・団子・蕎麦などを買い食いしていた。彼らが現金を得る機会としては、店の関係者や客から心づけや祝儀をもらうということはあるが、店の金や商品を盗むなどの不正行為を行って銭を得る者もいたという。子供（丁稚）は、現在の中学生から高校生くらい、食べ盛り、育ち盛りの年代である。米とちょっとした野菜ものだけではひもじいだけでなく、栄養面でも不足していたことは間違いない。健康を損ねる奉公人は少なくなく、白木屋では、採用された奉公人の半数弱が病気により退店あるいは死亡している。

メンタルヘルスも軽視されていたと言わざるを得ない。店内での娯楽は制限されており、白木屋では、奉公人としての階梯が上がらないと碁・将棋・謡《うたい》を楽しむことも許されず、おしゃべりや日中の読書でさえも宜しくないものとされた。居住環境も悪い。何十人と奉公人がいるが、当然ながら個室があるはずはない。夜は山小屋さながらの雑魚寝となる。店の二階に奉公人の寝部屋があることが多かった。江戸時代には麻疹《はしか》など伝染病の大流行が何度かあったが、このような環境ではひとたまりもなかったに違いない。

そうした毎日に耐えきれず、「家出（出奔）」する奉公人は少なくなかった。前章までに触れたように、江戸の町人が、武家奉公や下男奉公に出てすぐに出奔してしまうことは珍しくなかった。しかし、大店の子供（丁稚）が家出するのは訳が違う。子供（丁稚）には江戸に両親もいなければ、実家もないからである。飛び出してみたものの食べる物も寝る場所もなく、野垂《のた》れ死にしてしまう危険もある。にもかかわらず、刹那的に家出してしまうのは、それだけ過酷だからであろう。

父母がそうした実態に触れることができたなら、奉公に出すことについて熟慮したかもしれないが、上方と江戸ではあまりに距離が隔たっていた。子供（丁稚）の立場では救いを求める手紙を送ることも叶わなかったであろう。病気になったり死亡して初めて店から親元に連絡が届いた。

規律が厳しければそれだけ店内が治まったのかと言えば、そうでもないらしい。子供（丁稚）から手代に昇格しても、店の金に手を付けたり、商品を横流しするといった不正に携わる奉公人はたくさんいた。奉公人の事件記録には、そうした事例が累々と並んでいる。しかし、不正が露見してもただちに暇を取らされるわけではなかった。店の勘定が合わないなどの事態をきっかけとして調査が開始され、不正を行った犯人を特定していくので、体制はしっかりしているのだが、そこから解雇するという結論には至らないらしい。今日的な感覚からすると意外である。十両盗むと首が飛ぶと言われた江戸時代であるが、店内における奉公人による盗み行為は内部ですべて処理され、町奉行所に引き渡されるということにはならなかった。主人が表沙汰にしない意向なら、それで済んでしまうのである。では、不正をして得た金を奉公人がどうしたのかというと、酒食に費したり、芝居を見たり、旅に出たりした。店の金を何百両と横領して遊女屋で使ってしまった例もあった。享楽があふれている店の外の世界と、朝から晩まで商売以外のことを考えてはならないとされた店の中との違いが大きすぎるわけで、そのような異様な環境が奉公人たちに道を踏み外させるのであろうか。

厳しく単調な奉公人の日常生活において、少しばかりの息抜きとなったのは、祭礼や店の年中行事である。そうした祭日には普段とは違った御馳走が食卓に並んだ。白木屋では、六月の山王祭礼（日枝山王社の祭礼）がひときわにぎやかに祝われたという。山王祭礼は、神田祭（神田明神の祭礼）と並んで、江戸の天下祭と呼ばれた。もちろん、奉公人が祭礼行列を見物に行くことは叶わず、来客をもてなすために奔走しなければならなかったが、夜には料理や酒をいただくことができた。また、商家においては、商売繁盛を願う重要な行事として恵比寿《えびす》講《こう》があった。一〇月二〇日の恵比寿講の宴席はいわゆる無礼講となり、奉公人はどんちゃん騒ぎを楽しんだのである（図15）。

図15　恵比寿講を楽しむ商家奉公人たち（楊洲周延『江戸風俗十二ヶ月の内 十月豪商恵比壽講祝の図』〔部分〕、国立国会図書館デジタルコレクション）
商売の神様である恵比寿の木像の前で楽しんでいる番頭（羽織を着用）・手代・子供（左手前）の姿がある。分厚い大福帳が供えられているのも見える。

†大店の「定年制」をめぐって

大店の奉公人は現在の正規雇用のような扱いとなり、何十年もの勤続が認められていたが、常にふるいにかけられており、先述したように、四〇代以降では支配役などの幹部層しか店に残れないようになっていた。これは江戸時代の話と思いきや、昨今、それに似た人事システムを思い描く経営層もおり、早期退職制度が本人の意思に反して勧奨される事態も起きている。企業の経営的観点からいえばメリットはあるだろう。現代より過激ともいえるシステムが江戸時代の大店では既に採用されていたのだから。肉体的にも精神的にもタフな四〇代までという条件付き、妻や子供を持つことは不可なので、日夜働かせ放題である。しかし、その江戸の大店では、店の金品の横領や、横領した金を使って遊女屋通いする者が後を絶たなかった。厳しい締め付けによるストレスが影響していたのだろうことは容易に推測できる。彼ら大店の奉公人は独身を強いられていたゆえに、二〇代後半から四〇代で店を出されることになっても、身一つ、何とか生きることはできた。第二の人生のスタートを試行錯誤する時間も取れた。何とか試練を乗り越えられた者だけが遅い結婚をして子供も持てた。しかし、労働者不足や少子化問題に直面する現代においてこうした江戸の大店流の雇用システムになびけばどうなるか。その末路は容易に想像できるというものであろう。

第一〇章　雇われて働く女性たち

†変化していく女性の社会的地位

　ここまで読み進めてきた読者はそろそろ、挙がるのは男性の事例ばかりではないか、江戸時代の女性はあまり働いていなかったのか、との疑問を抱いてきたのではないかと思う。そこで本章では、女性の雇用労働についてまとめておきたい。

　古文書の世界に触れてみると、江戸時代の女性たちが、貧しいながらも実にエネルギッシュに暮らしていたのを知ることができる。婚姻関係に関してもそうである。嫁入り婚が主流だが、結婚生活に不満があれば二〜三ヶ月で離縁することも珍しくなかった。本人の希望により離縁することもあるし、妻の両親が相手に失望して離縁させることもあった。

これは、武士でも町人・百姓でも同じである。妻の財産権は担保されていたので、嫁入り道具はまるまる引き取ることができた。結婚に失敗したとしてもやり直せるのだ。生家に戻ることは恥ずかしいことではなかった。こうした婚姻関係をめぐる実態は、縁切寺（離縁を望む女性が駆け込む寺。関東地方では上野国満徳寺《まんとく》と鎌倉東慶寺《とうけい》が有名）をめぐる研究をみればわかる。一方で、江戸時代に版行された女子教訓書『女大学《おんなだいがく》』をめぐると、妻は夫に仕えるべしとする価値観が示されている。七つの条件に当てはまるなら夫が一方的に離縁して構わないという「七去《しちきょ》」の考え方も広まっていた。しかし、江戸時代の女性たちがこれらに強い影響を受けていたとはとても思えない。むしろ明治期以降に、こうした教訓書の内容にそった女子教育が学校の場などで行われるようになり、社会通念化していったと考えられている。江戸時代までとは異なる近代型の「家制度」を確立するために明治政府は、明治民法の制定などを通じて、戸主の権利を強め、女性の権利を制限していった。相続権や財産権にも制限対象は広がっていった。

確かに、江戸時代の女性は政治的な地位に就くことはできない。武士の家を継承するのは男性に限られるし、町人・百姓でも戸主は原則的に男性である。しかし、町人・百姓では、男性当主がいない（死没・幼少等）状態ならば女性が「後家《ごけ》」として家を代表し、商売を行い、財産を管理することもできた。本質的に「兵」である武士と「経営者」である町人・百姓の間には、家族関係をめぐる異なる論理が流れていたのだが、明治期になると画一化される方向に進む。女性の社会的地位の変化はその過程で起こったのだということが分かる。

こうした江戸時代から近代にかけての女性の道のりも気になるところではあるが、本書の趣旨に戻り、江戸時代に絞って女性の雇用労働の世界を確認していくことにしよう。

†商家における女性の役割

「江戸時代の女性たちは、働いていたのか？」という質問があるとすれば、答えは、自信をもってイエスである。まず、人口の八割以上を占める百姓の妻や娘は、農業やその他の仕事を分担するのが普通であった。同様に、町人の妻や娘も、家の仕事を男性と分担していた。前章で触れた三井越後屋のような大店の経営部門は男性のみの職場であったが、自営的な小商人では女性家族も不可欠なスタッフである。紀伊国和歌山の質店沼野家の事例を挙げると、妻「みね」は、親戚付き合いの差配のほか、店の帳面付けや照合の手伝いをしたり、質流れ品の整理、貸家の店賃集めの取りまとめなどを担当していたという（林玲子『江戸・上方の大店と町家女性』）。

意外に思えるかもしれないが、江戸時代の商家にあっては、血筋を引く男子がいたとしても跡継ぎにせず、女子に婿養子を迎える相続形態が広く行われていた。武家においては男性・長子相続が原則だが、支障が生じないのは、武家社会には競争が少なく安定的だったからにすぎない。厳しい商売の世界では、主人に能力がないと身代を潰すことになりかねない。そこで、有能な人物が見極められて婿養子に迎えられた。婿が入れば店の主人は婿の名となり、経営面や町内との付き合いなど諸活動はその婿が代表するようになる。しかし、家付き娘は、生まれた時からその家の商売を見てきた身として意見を言うなどのことはした。婿養子を迎えても家屋敷などの家産を引き渡さなかったので、商売に対して影響力を維持することができたのである。江戸で菓子商を営む金沢三右衛門の妻「なを」の事例によると、彼女は、家構成員の衣食・教育・信仰・娯楽・交際などの生活維持部門を取り仕切ると共に、営業資本金の出納も行っていた。夫が使う交際費・接待費など経営上必要な経費は「なを」から逐次渡されていたという。江戸時代の商家においては、生活と経営活動が未分離な状態にあったため、家計を差配する女性が重要な役割を持ち続けたとされている（横山百合子『明治維新と近世身分制の解体』）。

†武家屋敷の奥女中奉公

都市に住む町人の妻や娘が、自宅にいて、戸主が営む家業を手伝う以外の仕事をして銭を得る機会は、実際のところ限られており、縫い物や洗濯などの内職が主である。なかには、技術を身につけて、女髪結（女性の髪を結う仕事）や手習い師匠、芸ごとの師匠をする女性もいたが、これらは幕府が推奨する職業とは言えなかった。

では、自宅とは離れた職場で働くならどうだろうか。その場合、職種は「女中」にほぼ限られるが、選択の範囲も機会も広がる。給金の高低、地位の高低、仕事内容の違いはあるが「女中」というカテゴリーにほぼ収まる仕事群である。

江戸の町人の雇用労働について触れた際に言及したように、年季契約を結んで勤める場合には原則的に住み込み労働となった。よって、結婚した状態で従事できる雇用労働は少ない。それは女性も同じで、独身の女性、特に若年の娘が主体であった。

その女中職の最高峰に位置するのが、江戸城の大奥女中である。江戸城には、本丸と西ノ丸あわせると一〇〇〇人規模の大奥女中がおり、江戸最大規模の、女性の雇用労働の職場であったといってよい。大奥女中の場合、原則的には、無期限の「一生奉公」になる。

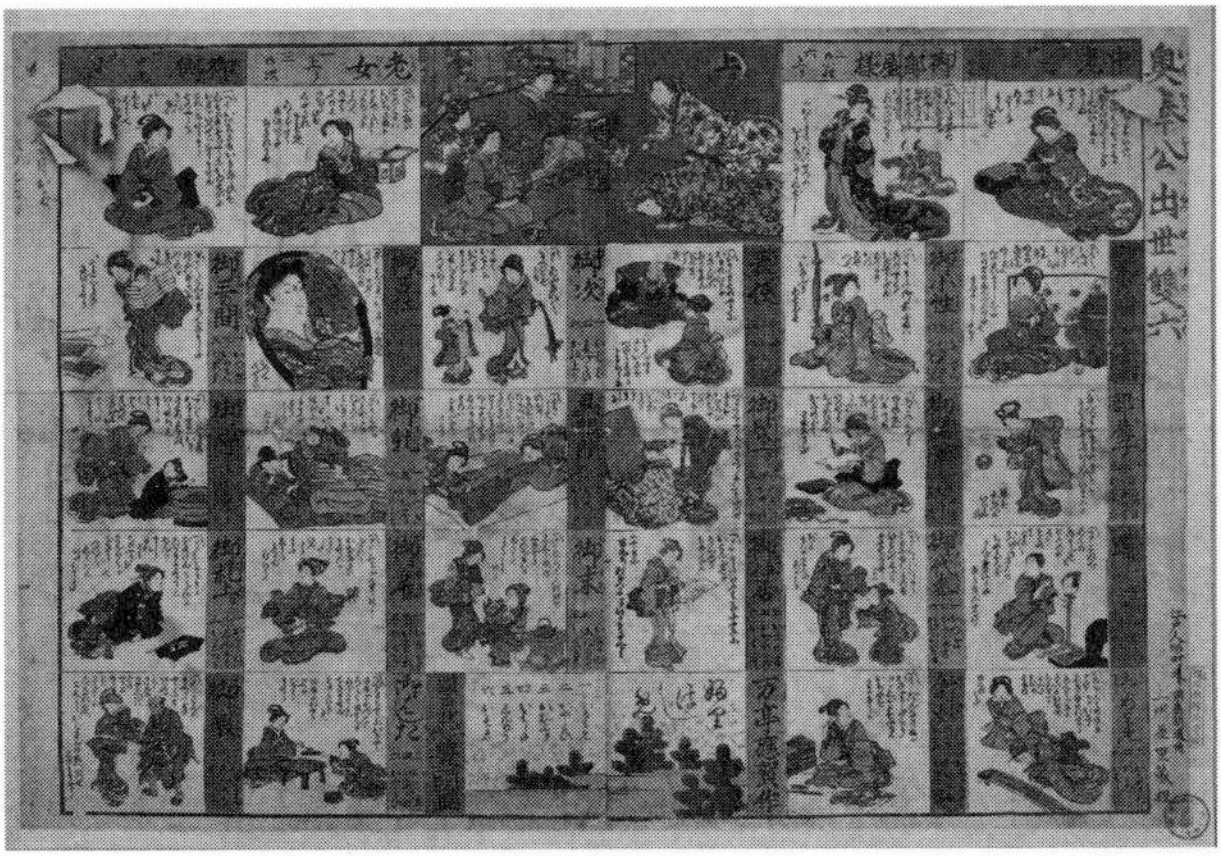

図16　武家屋敷の奥女中の職階を題材とした双六（『奥奉公出世双六』、国立国会図書館デジタルコレクション）
「ふりはじめ」から始め、さまざまな役職を経て「中老」「御部屋様」「老女」のマスから「上り」にたどり着ける。これで遊んで、奥女中奉公に憧れた少女もいたかもしれない。

自己都合退職が認められないということである。将軍と主従関係で結ばれている旗本・御家人のように、大奥女中たちも毎年、切米や合力金を与えられて仕えた。大奥女中の役名としては、上﨟《じょうろう》・年寄・中﨟《ちゅうろう》・表《おもて》使《づかい》・右筆・御次《おつぎ》・三之間《さんのま》・中居《なかい》・半《は》下《した》などがある。こうした役名は大名屋敷の奥女中とも共通していた。それを題材とする浮世絵双六も売られていたので、武家屋敷に奉公に上がると、どういう役職に配属されて昇進していくのかは、広く知られていたといえる（図16）。

江戸城本丸の奥女中は、将軍付・

御台所《みだいどころ》（将軍の正室）付の所属に分かれた。さらに、役務の性質により三つに大別された。①大奥という組織の取り締まりや、大名家の奥向など外部組織との交渉や連絡を担当するグループ、②将軍や御台所の側に仕え、彼らの日常生活をサポートするグループ、③雑務に従事するグループ、である。①には文書の作成・管理役といったデスクワーカーも含まれた。文筆の教養がなくては務まらないので、旗本の娘が主に担当した。②には将軍の側室も含まれる。側室は、将軍の子を産むまでは、将軍の世話方部門に属する奥女中という位置づけに過ぎなかった。③が担う雑務には、食事づくりや配膳、裁縫などがある。

大奥は、将軍のいわゆるハレムではなく、男性により構成される「表」の組織と対をなす組織といえる。将軍・御台所と奥女中は主従制の論理で繋がっていたし、御台所を頂点とする組織は、徳川家の生活部門を取り仕切っていた。ゆえに、大奥組織の中枢に入るということは大いなる名誉であった。男性には武士身分内の格式があるので、譜代筋の名家の大名でないと老中や若年寄にはなれないが、大奥女中の最上層である年寄や中﨟には身分の低い旗本の娘でもなれる可能性があった。昇進すれば経済的にも豊かな生活を送ることができたので、そこが一生奉公を捧げる上での魅力でもあった。おそらく、覚悟を決めた野心家の娘たちが大奥に集まってきたことであろう。

一方で、大奥女中の下位役職は町人や百姓の娘が務めた。こちらは、結婚前の娘を行儀見習いと「箔付け」のために親が奉公させたものが多い。形式上は一生奉公として始めるが、途中で、病気などと称して暇を取った。場合によっては実家から仕送りをして大奥での生活を助けてやっていたので、雇用労働といえばそうだが、労働報酬を得ることを必ずしも目的としていなかったということになる。

武家屋敷での女中奉公に求めるものが自身の立身出世なのか、嫁入り前の行儀見習いか、報酬か。目的によって行先は変わる。キャリアコースに関心がない武家の女性なら、江戸城大奥ではなく、小大名の奥御殿や旗本屋敷の奥に奉公に上がるだろう。そうした屋敷なら大奥と違って、自己都合で退職することが可能だったからである。江戸には約二六〇家の大名屋敷と約五〇〇〇家の旗本屋敷があり、それぞれに「奥」がある。ある程度は自分の事情に合わせて働き方を選ぶことができたといえよう。

大名屋敷の奥女中奉公では、最初から一生奉公と年季奉公の区分がなされるところもあった。年季奉公の場合、採用時に奉公人請状を提出させた。信濃国松代藩真田家の場合、奉公人請状では、給金・扶持・菜銀（食費補助）額のほか、問題が生じた場合は身元保証人が解決する旨などが約束されており、町方の奉公人請状と全く同じである。女性の年齢は一〇代から二〇代、年季は一〇年季の場合が多い。なお、夫に先立たれたり離婚した女性が三〇～四〇代の年齢で大名家の奥奉公に出ることもあった。奥女中の生家としては、松代藩以外の藩の藩士、旗本の家臣、江戸の町人、医師、江戸近郊農村の百姓などの例がみえる。一年あたりの給金は役職によって七両から一両二分と幅があるが、町人・百姓の娘が雑用をする御末《おすえ》奉公では一両二分が相場だった（福田千鶴『近世武家社会の奥向構造』）。

いくつか具体例を挙げてみたい。武蔵国入間《いるま》郡所沢宿《ところざわ》（現埼玉県所沢市）で糸綿渡世を行っている荻野屋亀次郎の娘で一八歳の「かね」は、江戸の牛込《うしごめ》神楽坂で呉服渡世をしている伊勢屋善助（彼は伯母の夫である）を人主（＝請人）に立てて真田家の江戸屋敷に奥女中奉公にでた。年齢といい花嫁修業であろう。一方、同じ真田家屋敷へ奉公に出た二五歳の「もと」は、禄高一五俵という最下層の御家人の妹である。彼女が奉公に出なければ生活が成り立たなかった可能性が高い（国文学研究資料館所蔵信濃国松代真田家文書）。

奉公人請状の一つ一つを見ていくと、女性たちが、武家屋敷での奥女中奉公をどのような機会ととらえていたのかが分かる。そして武家屋敷での奉公は、労働ではあるものの、学習や経験の幅を広げる機会を持ちにくかった女性たちにとって、自らの成長を実感できる場であったと考えられる。

文脈からはやや逸れるが、松代藩真田家文書には、奥女中奉公が持つ特殊な機能を示唆する史料もあるので紹介しておきたい。明治二（一八六九）年に、松代城（現長野県長野市に所在）の奥御殿に紅梅という女性が奉公することになり、請状を交わしている。紅梅は城下町近くの村の新助という百姓の女房だが、奉公に上がることになった。史料の文言から、紅梅は夫からドメスティックバイオレンスを受けていたと読め、それを見かねた周囲の人々が、檀那寺の僧侶やさまざまなつてを頼って、紅梅が奥女中奉公に入れるよう取り計らったとみられるのである。離縁しても実家に戻ることができない女性には手段がない。そこで紅梅を奥女中奉公に上げることによって、避難させるとともに、衣食住に困らず生活できるようにしたと考えられる。実際、武家の奥御殿は、駆け込み寺のような機能を持っていたとも指摘されている。住み込み労働を余儀なくされるという奥女中奉公の特性が、頼る身内がいないこのような境遇の女性を救う機能を果たしたともいえるのである。

†町方の商家における下女奉公

武家屋敷の奥女中奉公は、女性にとって悪くない職場である。江戸城の大奥奉公となると堅苦しいことも大変なことも多いが、小大名の屋敷や旗本屋敷での奉公ならさほどのことはない。しかし、奥女中奉公に出るにはコネが要る。誰でも希望するなら入れるというものではなかった。そのため、町人・百姓の娘にとっては、商家における下女奉公の方が身近だった。給金の額は、武家屋敷で末端の女中になるのとさほど変わらなかった。

紀伊国和歌山にあった質店沼野家の場合、下女奉公には次の四種類があったという。①針妙《しんみょう》（上女中）、②中居（家事の雑用係）、③飯炊《めしたき》、④子守、である。④子守だけが一〇代の少女で、仕着施《しきせ》（季節の衣服）だけの支給となる。ほかは二〇代を中心とし、職種により給銀額が異なった。やはり、嫁入りや病気を理由に辞めていくので、奉公期間は長くても足掛け六年、なかには一ヶ月もしないうちに辞める者もいたという。沼野家の記録には下女を解雇するに至った理由が記されており、食物を粗末にする、店の男性奉公人と特別な関係になった、盗みを働こうとした、傍輩をいじめたりけんかをする、などが挙がっている。前章で触れたように、大店の奉公人が盗みを働いても簡単に解雇にならなかったのと比べると厳しい。なお、下女は一般的に店の主人の妻が管理しており、解雇の判断をするのもその妻である。武家屋敷に「表」と「奥」があり、「奥」の最高統括者が正室（奥方）であるのと構造は同じといえる。

和歌山は地方都市だが、都市以外にも下女奉公の口はある。街道の宿場町の商家や村方の豪農《ごうのう》の家でも、百姓の娘は下女奉公をしていた。

†乳母（乳持）――女性の特殊な雇用労働①

奥女中奉公では、手習いや基礎的な行儀作法ができるほかに、和歌を詠める、琴や三味線を演奏できるなどの一芸を持っていることが望ましかったが、必須条件とはいえない。唯一、必須条件があったのが乳母（乳持《ちもち》）奉公である。身分の高い女性は、子供を産んでも自身で授乳をしないため、乳母を召し抱えた。江戸時代の乳母と言えば、三代将軍家光の乳母であった春日局の権勢が思い浮かぶが、乳母の地位は時代を下るにつれて低くなっていった。養育担当者と授乳担当者が分離していき、前者の職名は御乳人・御さし、後者の職名は乳持となったが、特に後者の地位低下が甚だしかった。将軍の子の乳持は旗本・御家人の妻から任じられるものであったが、江戸時代後期には乳持の確保が困難になっていた。母乳が出るということは、自身にも乳児がいることを意味する。実子が乳離れした後に乳持奉公に出るということはあろうが、それでも子と離れて大奥で奉公するのは躊躇する者が多いだろう。寛政九（一七九七）年、幕府は乳持を確保するために、過去一年余のうちに出産した旗本・御家人の妻を集めて御乳持吟味を行った。時の将軍は、子だくさんで知られる将軍家斉であり、前年には三人、翌一〇年には四人も子が産まれたことから吟味の実施に至ったのだろう。しかし、病気と称して吟味を欠席する者が多かったとある(『御触書天保集成』下)。扶持米三人扶持の報酬で誘っているが、釣り合うかどうか。妻が大奥に上がれば、残された子のために金を出して乳母(町人では乳母の語を使用)を雇わなければならない可能性もあったはずである。

乳持に授乳を任せるのは大名家の正室や側室までで、旗本では奥方自身が授乳したが、母乳が十分に出ないこともありえる。町人においても同様である。乳児用ミルクが存在しない時代なので、母乳が足りなければ乳母を雇い入れるしかない。江戸市中には乳母専門の人宿《ひとやど》(人材派遣業者)があって、頼めば女性を派遣してもらえた。

一三〇〇石取の旗本三嶋家では乳母「はる」を雇い入れようとした。奉公人請状を提出させ、前金で給金の一部を支払ったとたんに行方をくらまされてしまった。三嶋家側は町奉行所に訴えを提出し、前金分を「はる」の請人である深川海辺大工町の桑五郎に弁償させたとみられる(西脇康編・三嶋超監修『旗本三嶋政養日記』)。貧しい生活を何とかしようと飛びついた乳母奉公だったが、心変わりしたのだろうか。乳母奉公は、社会的・経済的強者が弱者の子の養育を犠牲にして行わせる雇用労働であるという問題を孕んでいる。

†遊女屋奉公――女性の特殊な雇用労働②

遊女屋奉公は、厳密にいえば雇用労働ではないが、他の女中奉公と比較するために言及しておきたい。遊女らは、商家の下女奉公と形式だけは似た契約を交わして遊女屋にやってきた。

知られているように、江戸には幕府公認の遊郭として吉原があった。吉原は、映画やアニメの世界で華やかに描かれがちであるが、それは太夫など上級遊女の周辺に限られ、一般の遊女は悲惨極まりない境遇であった。

「梅本記」は、梅本屋佐吉方に抱えられている遊女一六人が、嘉永二(一八四九)年に共謀して放火事件を起こした際の取り調べ調書である。実行犯の遊女は八丈島へ流罪となったが、雇い主の佐吉も流罪になった。それは、佐吉による遊女への暴力・虐待が放火事件の引き金となったことが奉行所の吟味で明らかになったためである。調書には、遊女たちが遊女屋に売られてきた経緯から、犯行に至った理由まで詳細に記されている(横山百合子「資料紹介『梅本記』」、『国立歴史民俗博物館研究報告』二〇〇号、二〇一六年)。

遊女重本《しげもと》(本名かつ)は、信濃国上田城下町近くの村の百姓の娘であった。一五歳の時に母親が病死して困窮したため、縁者を頼って父親と江戸に出てきたものの、縁者の家に厄介になり続けることはできず、父親と話し合い吉原の遊女屋へ奉公に出ることになった。父親はその「身之代金《みのしろきん》」を路用金（旅費）にして国元へ帰ってしまった。九年目になり、重本は、今年で奉公人請状に記された年季期間が明けるはずだと雇い主の佐吉に申し入れたが、佐吉ははぐらかして取り合わなかった。江戸に身寄りがないことから、足元を見られたのであろう。契約が守られないのみでなく、食事は粗末なものを日に二食しか与えられず、売り上げが悪いとひどい折檻を受けた。そのような扱いを受けたのは傍輩も同じであった。そのため事件を起こすに至ったのである。

遊女志津賀《しづか》（本名ゑい）は江戸谷中に生まれ、東海道川崎宿の旅籠屋の養女になっていたが、父母没後の一六歳の時、兄によって実家に連れ戻され、兄や叔父らの協議により「ゑい」は遊女屋奉公に行かされた。契約は八ヶ年半季、身代金二三両だったという。遊女小雛《こひな》（本名なみ）においては四ヶ年季、身代金三両とあり、大きな金額差が生じているが、理由は分からない。いずれにしても、江戸における下女奉公の給金相場（年一〜二両程度）と比べてみて、遊女屋奉公の方が格段に高いわけではない。しかし遊女屋奉公では、契約時に、本人以外の人間が一括して「身代金」を受け取れる点に最大の違いがあった。

一年ごとの給金の支払いではないため、途中で暇を取ることは困難である。受け取った金の分を働いて返さなくてはならない。つまり、遊女志津賀(ゑい)の兄らは、まとまった金を得るために彼女を売ったとしか思えないのである。

こうした人身売買の要素を含む労働契約は、江戸時代初期には、遊女屋奉公以外の分野でも行われていたが、次第に消えていった。一般的な奉公人の年季が一年単位とされているのは、不安定にもみえようが、不満があれば一年で去る権利はある。奥女中奉公が一〇年季であるとしても、給金は一年ごとに支給されるので辞められないことはない。それに対し、遊女屋奉公の場合だけが、複数年分を前払いで、労働する本人ではない人物が受け取れる方式となっていた。江戸時代には、社会構造の変化もあって労働環境はおおむね改善されていったが、江戸時代後期における諸契約労働を見回したとき、遊女屋奉公ほど不条理を保ち続けたものはない。

「梅本記」に記された遊女らの供述書には「主人(佐吉)に責め殺されるよりは、放火をして捕らえられ、お上から御仕置を受けた方がまし」という文言がある。彼女らの絶望感は想像に余りある。

問題があれば離縁も辞さない結婚ができるのも、行儀見習として武家屋敷奉公ができるのも、家族や親類、地域との紐帯が強固だからである。しかし、江戸時代には公的支援制度が無きに等しかったから、家族共同体や地域共同体の支えを失った女性にとっては、単に働いて報酬を得て暮らしていくことでさえ難しかったと言わざるをえない。せめて地域共同体との結びつきがあったなら、松代城の奥御殿に落ち着くことができた紅梅のように救われたが、そうでなければ、遊女屋に売られた娘たちのように、悲惨な人生を生きなければならなかったのである。

第一一章　雇用労働者をめぐる法制度

†触書・達と「御触書集成」

　ここまでは、武士・町人・女性というように対象を定めて、その労働のあり方をみてきたが、本章では切り口を変え、江戸時代の法制度において雇用労働者がどのように扱われていたのかをまとめてみたい。

　当たり前ながら、江戸時代の法制度は現代とは大きく異なる。立法府である議会はまだないので、老中をはじめとする幕府首脳が法を定め、関係団体に順次伝達されて施行されることになる。幕府は全国政権なので、津々浦々の諸身分に適用される全国触を発令することができた。そのほか、武士だけ、百姓だけというように対象身分が限られる法や、関八州（関東地方の八ヶ国）だけ、江戸だけなど地域限定の法もある。大名家が支配する「藩」でも独自の法を定めることができたが、藩法まで考慮していくと複雑になってしまうので、ここでは幕府法に限定して取り上げることにしたい。

幕府の法のうち、広く一般に触れられるものを「触書《ふれがき》」といった。江戸時代の法といえば、学校の日本史の授業でも習う「武家《ぶけ》諸法度《しょはっと》」が有名だろう。対象が武士に限定されているものの、広く適用される基本法であり、「触書」の部類に入る。そのほか「達《たっし》」というのもあり、関係者に対し具体的な指示を与える場合や、時限的な内容の場合に使われた。

江戸時代半ばになると、幕府成立以来発せられてきた「触書」「達」は法令集にまとめられるようになっていく。幕府の最高裁判機関である評定所《ひょうじょうしょ》で編纂された「御触書集成」がその代表格といえる。御触書集成は、寛保《かんぽう》四（一七四四）年、宝暦《ほうれき》一〇（一七六〇）年、天明《てんめい》七（一七八七）年、天保《てんぽう》一二（一八四一）年の計四回編纂されており、主要法令が収録された。

御触書集成に載る、雇用労働に関する法は限られている。御触書集成では、法の内容により全一〇〇項目以上の分類が立てられているが、そのうち「奉公人幷《ならびに》同宿・出居《でい》衆等之部」と「日《ひ》雇稼者《ようかせぎのもの》之部」程度に過ぎない。前者の「奉公人」は、足軽・中間・小者などの武家奉公人のことである。

江戸の大名屋敷等で働く武家奉公人は、人宿と呼ばれる斡旋業者を通じて派遣されていたとの旨を第四章で紹介した。彼らに対する統制はなかなか行き届かず、江戸の往来で粗暴な振る舞いをしたり、給金を持ち逃げしたりする事態が多々起こっていた。そのため幕府は、何度も、武家奉公人を取り締まる法を発したのである。武家奉公人の問題は武士社会の足元を揺るがしかねないので、相当気にかけている。武家奉公人には、江戸の下層町人が「就職」することが多かったので、関係する法は、町奉行を通して諸町の名主へ周知され、町内に武家奉公人を斡旋する人宿があれば、名主等から連絡がなされた。

日雇稼ぎの者については、第八章で触れたように江戸時代中期まで、幕府は日用座という組織を通じて彼らを管理しようとしていたという事情により、法の数もまとまっている。日雇取り締まりに関して注目すべきは、触書や達に日雇賃の基準額が示されている点である。一般的に給金は、雇用側と被雇用側の相対で決められるのであり、当時にあっても、幕府が相場等を示すことはない。そのなかで、日雇稼ぎに関してそれが示されているのは、もちろん日雇の者のためではなく、競合が行われることにより雇用側の金銭的負担が膨張することを避けるためであった。

現代に労働法で定められているような、労働時間・賃金規定・休業規定などの内容をもつ法は、江戸時代には皆無である。国家が、労働者を保護するために法整備をするようになるのは、産業革命により工場労働者が増加し、女性や子どもの労働にかかる問題が深刻化したことを契機とした。欧州では一九世紀に労働者保護の法制が成立し始めるが、日本においては明治期以降である。さらに、労働者一般を対象とした規制が労働基準法によって定められたのは、第二次大戦後の昭和二二（一九四七）年であった。

江戸時代段階では、不届きな労働者を罰するために関係する法が存在するのであり、法が労働者を守ってくれるのではないので、安心して働けるかどうかは雇用者の考え如何に左右される面が大きかったといえる。

†刑法における雇用労働者

幕府は、その時点の政治的課題・社会的問題に対処するために随時、触書・達を通達したので、「御触書集成」をみても、武家諸法度のような基本法は数が限られている。よって江戸時代前期には、現在の民法や刑法にあたる法律はなかった。裁判の際には、先例をみて量刑等が判断されるのが慣例だった。そのため、担当者により判断の違いが出たはずである。八代将軍吉宗期になると、「公事方御定書」が制定される。公事方御定書は、訴訟法・刑法や若干の民法規定を含む法典で、これにより裁判の標準化が進められるようになった。

公事方御定書には、事件の種別と被害の程度などに則した量刑が示されている。放火犯は火罪《かざい》（火であぶって絶命させる処刑方法）、贋金銀を作製した者は磔刑《はりつけけい》というように、である。江戸時代の刑事罰は現代より相当重く、贋金作りのように人を傷つける罪でなくても生命刑に処せられた。また、同じ死刑でも、罪の軽重に応じて、（重い方から）磔・獄門《ごくもん》・死罪《しざい》・下手人《げしゅにん》の四種があり、執行方法が異なった。生命刑未満では、遠島《えんとう》（＝流罪。江戸からは伊豆七島に送られた）・追放刑（江戸払や、出身地からの退去を命じられるなど諸種があった）・敲刑《たたきけい》・手鎖《てじょう》（両手に手錠をかけ、一定期間自宅謹慎させる）・叱り・闕所《けっしょ》（所持している土地や財産を没収される）・過料（罰金）等がある（石井良助『江戸の刑罰』）（図17）。

公事方御定書にも、武家奉公人に関してまとまった条文がみられる。武家奉公人が、給金を前渡しされた分も働かずに奉公先から逃げ出した場合、請人に損失分を弁済させるための規定は特に詳細で、弁済が不行届きの場合、請人は闕所や江戸からの追放刑に処せられた。総じて、武士を守るために、派遣業者である人宿や身元引受人である請人の責任が

図17　代官所白洲での判決申し渡し（安藤博『徳川幕府県治要略』〔赤城書店、1915年〕、国立国会図書館デジタルコレクション）
罪人に判決を申し渡す代官と代官の属僚。手元に文書を置き、よく確認しながら進めている。

強く問われる内容になっている。公事方御定書に示されているのは、雇用側に損失が発生した想定ばかりである。しかし、奉公人側の視点に立てば、奉公に出てみたものの、労働条件や環境が悪く、これ以上勤めを続けたくないと感じる場合もあろう。年季契約を交わして入っているので、辞めたくても主人の許可がなければ辞められない。それなら、強行的に飛び出すよりほかないというのも理解できる。

なお、武家奉公人や商家奉公人が、雇い主である主人（大名・旗本や商家の主人等）とトラブルを起こすと大変なことになる。公事方御定書には、主人を殺したり、主人に手疵を負わせた者は最高刑の磔刑（刑場で、衆人環視のもと公開処刑される）となり、主人に対し刃物を向けただけであっても死罪（幕府の牢屋敷内で斬首される）になると示されている。なお、主人ではない人を殺した場合も死刑ではあるが、磔刑にはならない。主人というと武士における主従関係を思い浮かべがちだが、商家の主人と店の奉公人の間柄であっても同じ適用になる。犯行に至る深刻な事情があったとしても酌量されない。ちなみに当時、主人と親に対する犯罪は同等の扱いになっていた。尊属殺人加重規定（自分や配偶者の父母・祖父母などを殺害した場合に、通常の殺人罪よりも重く処罰すること）は昭和期まで残ったが、源はこの江戸時代の規定に遡る。

†奉公人が主人を訴えるということ

江戸時代には、傷害や窃盗などの罪を犯した犯人が捕えられて裁かれる、現代の刑事裁判にあたる裁判制度とともに、人や組織間のトラブルが発生した時に裁定を求める、民事裁判に相当する裁判も存在した。ただし、当時「出入筋《でいりすじ》」と呼ばれた民事裁判は、現代よりも対象が限定されている。土地の境界をめぐる争論、山野や河川の利用権をめぐる争論、貸金出入り（金銭トラブル）の類が裁判実例のほとんどを占めていた。雇い主から給金が支払われないなどのトラブルがあってもよさそうなものだが、裁判にはならない。そこには明確な理由がある。

実は、民事訴訟として「奉公人が主人を訴える」ことは否定されていた。正確にいえば、「主人と『家僕《かぼく》』の間の公事（＝裁判）は主人次第」と規定されていた。主人が承諾すれば裁判を起こすことができるという意味である。よって、主人が奉公人を訴えることはできる。が、逆に奉公人の側が訴訟を起こすためには、主人の許しを得なければならないので、主人は拒否するはずだ。つまり実質的に、奉公人が主人を訴えることは不可能であった。公事方御定書では、明らかに主人側に非がある場合に、町役人・村役人や親類などを介入させて調停させることはありえるとしている。だが、訴訟として受理はされない。「主従訴訟内済の原則」である（小早川欣吾『近世民事訴訟制度の研究』）。しかし、調停が行われたとしても、主人と奉公人では社会的身分が違うために、期待するほどの結果をえることは困難であったとみられる。

なぜ、奉公人の訴訟権が成立しないのか、それは「主人を相手取る」ことは忠義に反する行為だからである。そうした法的不平等性が、雇用側と被雇用側には存在していた。

この規定は、現主人だけでなく古主（元主人）にも適用される。つまり、給金の未払いなどがあっても泣き寝入りせざるをえないことになる。強いて主人を訴えようとするなら、訴えた側が忠義に反したことを理由に牢舎《ろうしや》（指定日数のあいだ牢屋に入れられる刑）に処せられる可能性もあった。だからこそ、奉公人が主人を訴える事例は皆無なのである。

†判例にみる雇用労働者の法的立場

裁判の現場では、公事方御定書の内容だけでは刑罰を判断しきれないこともある。そこで、判断の根拠や参考とするために特徴的な判例を集めていた。こうして編纂された判例集としては、幕府評定所の「御仕置例類集《おしおきれいるいしゆう》」などが知られている。

なお幕府機関では、寺社奉行所・勘定奉行所・町奉行所のほか、大坂町奉行所・長崎奉行所などの遠国奉行役所、各地の代官役所なども裁判を扱っていたので、判決記録は膨大に存在したはずだが、現存するのは一部にすぎない。長崎奉行所の記録は散逸を免れ、江戸時代前期から幕末期までの判決記録「犯科帳《はんかちよう》」一四五冊のほか、被告の供述調書などまで残っており、貴重である。明治時代になってすぐに江戸時代の裁判記録は廃棄されてしまったわけでなく、明治新政府の関係機関で一〇〜二〇年程度は保管されていたが、その後選別がなされ、失われてしまった。

そうした判例集から、雇用労働者が関係した事件を拾ってみたい。判決理由をみることで、当時の雇用労働者が置かれていた法的立場が浮き彫りになるであろう（以下の紹介は、司法省調査部編『司法資料別冊　御仕置例類集』掲載史料による）。

先述したように、奉公人が主人を殺害したり傷を負わせた場合は死刑に処せられてしまうので、迂闊に手を出せないはずだが、それでも事件は起こっている。解雇されたことを恨みに思って元主人に雑言を浴びせたとか、奉公人どうしの喧嘩を主人が仲裁しようとしてきたため、カッとなって主人に歯向かったなどの事例もある。

江戸南小田原町一丁目（現東京都中央区）の商人助右衛門の下人《げにん》（下男の意であろう）平三郎は、一二月のある日、主人から使いに行くように申しつけられた。その日は道に雪が積もっていたので、平三郎は、道が悪いので後で行く旨を申し出たところ、主人はわがままだと叱った。それに平三郎は立腹し、主人を引き倒してしまった。主人は憤って平三郎を奉行所に突き出したので、彼は牢舎に申し付けられたのである。この事件はどちらが悪いとも言い切れないが、主人が無理難題を命じたり、暴力をふるったり、現代でいうところのパワハラ行為がきっかけだったとしても、非は奉公人側にあることになってしまう

（本事例のみ『近世法制史料叢書1　御仕置裁許帳』による）。

怖いのは、主人が「不忠」な行為だと受け取れば、理不尽であっても奉公人を奉行所に突き出すことができてしまう点である。気の毒な事例がある。「するゑ」ら四人の女性は、江戸神田鍋町西横町（現東京都千代田区）の医師原長川《はらちようせん》の家で下女奉公をしていた。ある日、同家の下男小八が酒に酔って主人に絡んだため、主人の長川は彼を厳しく叱責した。すると小八は逆上し、どこからか刀を持ちだしてきたのである。その様子を見た下女四人は、長川の幼い娘「みつ」を連れてその場から逃げ出した。その直後に小八は長川に傷を負わせ、逃げ去ったのである。「するゑ」らは「みつ」が恐ろしい目に遭ってはいけないと無我夢中で抱いて逃げたに違いない。しかし長川は、「するゑ」らに感謝するどころか、「するゑ」らが小八に立ち向かわなかったから自分は怪我をしたのだ、下女の身分で不埒であると主張し、町奉行所に訴え出たとみられる。「するゑ」らは三〇日間の押込刑（家の入口を閉じ、昼夜一切の出入りを禁じて謹慎させる刑罰）に処せられた。この事件を扱ったのは、名奉行だったともいわれる小田切土佐守直年《おだぎりとさのかみなおとし》だが、幕府法に照らすなら「するゑ」らに処罰を下すのは当然となる。ただ、「するゑ」らが事件現場から逃げ出したと聞いて奉行所の役人が彼女らを召し捕えるということにはならないはずで、主人長川の訴えを受理して動いたはずである。「するゑ」らは医師宅で、子供の世話や食事・掃除などの仕事をして働いていただけなのに、一方的に主従の論理を押し付けられ、刑罰に処されることになってしまった。身分制社会の弊害ともとれる事例といえよう（「御仕置例類集」三六巻〔「旧幕府引継書」〕、国立国会図書館デジタルコレクションによる）。

このように主従関係が第一に尊重されるゆえ、逆の事態も起きる。

長崎や大坂では、密輸商品の取引に関わった商人が捕えられる事件がしばしば発生した。九州沿岸の海上で、中国商人と抜荷《ぬけに》商人との間で取引された諸商品（薬種・絹織物など）が、当時の流通上の理由により長崎や大坂に回ってきたからだ。大坂本天満町《もとてんまちよう》（現大阪市中央区）福島屋孫兵衛の下人嘉助は、主人が商談を済ませて買い受けた唐物《からもの》が出所不正の品と気づいていた。しかし、商品を受け取りに行き、指定の土蔵へ搬入した。主人の犯罪を幇助したことになる。大坂町奉行は、嘉助が不正取引に関与した点を重視し、罪科は「所払《ところばらい》」（現住する町村からの追放刑）相当と判断したが、大坂町奉行からの申し出を受けて再審議を行った江戸の評定所では、嘉助は主人の申し付けに従っただけであるとして「急度叱り《きつと》」（奉行から厳しく叱りを受ける刑。名誉刑にあたる）とした。「密輸商品取扱の悪事」は「主従関係の道義」にそった行動であると解釈され、その罪は相殺されたことになる。

†豪商泉屋（住友家）の跡目騒動で問われた奉公人の責任

大坂の豪商泉屋（住友家）で江戸時代中期に発生した、主人の跡目相続をめぐる騒動では、多数の奉公人が幕府から処罰をうける結果となった。

泉屋は、伊予国別子《べっし》銅山の経営権を確保し、銅に関する幕府御用を請け負うなど、その事業の隆盛ぶりは揺ぎなかった。しかし、六代当主吉左衛門友紀《とものり》は驕奢佳美を好む人物で、幕府から目を付けられかねない問題行動もあったことから、六代目を隠居させ、店の体制を刷新しようという水面下の動きが出てきた。動き出したのは、住友家の親類や主だった奉公人などだが、穏便に世代交代を進めることはできず、関係者が幕府に告訴する事態に至る。それをうけて幕府から指示が出て、天明元（一七八一）年、六代吉左衛門は隠居し、養子の万次郎友輔《ともすけ》が七代当主となった（西浦康太郎『住友十四代実録』）。しかし、反発した吉左衛門は自分に近い手代らを抱き込み、万次郎への身代譲り渡しを妨害し始めた。結果、「隠居の六代吉左衛門派」対「吉左衛門叔父の理兵衛（入江《いりえ》友俊《ともとし》）と組んだ七代万次郎派」に分かれての派閥争いに発展する。

現代の住友グループでは、京都に企業アーカイブの住友史料館を置き、江戸時代から現在まで系列各社で作成されてきた企業史料を保存している。史料館収蔵の史料を分析すればこの騒動の背景を示すことができようが、そこまで調査が及ばなかったので、ここでは「御仕置例類集」にある情報に限定して紹介することにしたい。

七代万次郎が家督を相続して四年経っても、泉屋の混乱はやまなかった。泉屋は幕府の重要な御用を扱っているので、混乱を放置することは幕府にとって不利益になると判断されたのだろう、幕府の裁決が次々と下ることになる。住友一族である理兵衛が「百日押込《おしこめ》(自宅謹慎)」の刑に処せられたのをはじめ、幹部の立場にあった手代らが罪に問われた。

吉左衛門側についた手代半右衛門は、吉左衛門の指示を受けて江戸へ行き、「江戸店の手代はみな吉左衛門に随身する」、つまり吉左衛門側につくという書付を作成させた点が咎めの対象となった。幕府の判決文では、「吉左衛門は隠居の身分なのであるから、たとえ指示があったとしても諫め、店の当主万次郎へ報告し、取り計らっていくべきであるのに、そうしなかったのは不埒」と断じている。半右衛門に対しては「三十日の押込」処分が下った。

万次郎派の手代保兵衛は、理兵衛の指図を受けて江戸店へ行き、吉左衛門が置いた手代を大坂へ戻し、別の人物を江戸店の支配人にしようとした。幕府の判決文には、「吉左衛門が心得違いをし、隠居後も我意強く、家事を一存にて取り計らっているのは事実であろう。そのため相続が覚束ないのであれば、(保兵衛は)幾重にも諫言し、無事の取り計らい方をすべきところ、そうはしなかった」とその責任を指摘する。さらに「そもそも万次郎派が吉左衛門を蔑ろにしたため、吉左衛門が憤り、万次郎への家督譲り渡しが混乱する事態に至ったのだ」と、騒動の原因を配慮不足と単純化してもいる。保兵衛は、幕府役人と面会する機会を筋違いに利用して吉左衛門の非を訴えたことや、大名家臣の名前を利用するなど道義に反する行為があった点が咎められ、軽追放(保兵衛のケースでは江戸・大坂払になったと考えられる)に処せられた。保兵衛は、手代を辞めざるを得なくなったはずである。

少し時間を遡り、騒動が本格化する前、店内の不和に嫌気がさして店から消えた嘉兵衛の身にも処罰が下った。嘉兵衛は別子銅山の銅山方手代だったが、吉左衛門の不行跡に失望し、勤め続ける甲斐がないと考えて暇を願い出た。しかし、聞き届けられなかったために、書き置きを残して家出(出奔)した。嘉兵衛は、家出を決断する前、主人吉左衛門の隠居を求め、他の手代とともに行動を起こしていた。のち、家出した嘉兵衛は発見され、吉左衛門方へ引き渡される。単に奉公先から欠落しただけならたいしたことにならないのだが、嘉兵衛はそれでは済まなかった。幕府の判決によると、主人の隠居を願うという嘉兵衛の行為は主従の礼儀を失う不敬の行為であり、「三十日の押込刑」に処せられた。

処罰を受けた者はみな、泉屋の商売や幕府の御用商人としての職務に支障を生じさせたことが理由でなく、奉公人として主人を諫めなかったこと、結果として彼らの努力不足が吉左衛門と万次郎の関係を悪化させ、家督譲り渡しを停滞させることになった、それが罪に値するとされている。また、万次郎の養父にあたる吉左衛門を蔑ろにしたと強く指摘されているのも印象的である。儒教では主従の秩序と共に親子の秩序が重んじられる。そうした儒教の論理が貫徹されれば、商人の経営体も混乱なくおさまるはずだという、武士の「思想」が、判決には反映されている。

こうした雇用主と被雇用者の法的非対称性は、明治政府の法制度で改められていくことになるが、考え方としては根深く残存していくのではないか。それが、労働争議における政府側の対応などにも表れるように思われる。

第一二章　百姓の働き方と「稼ぐ力」

†「百姓」とは誰をさすのか？

江戸時代に、江戸や大坂をはじめとする都市では、武士や町人による雇用労働の世界が展開していたことが分かった。本章からは都市以外の場、百姓たちの世界を見ていくことにする。

ところで「百姓」とは誰をさすのだろうか。「百姓」は「村」という行政区画に住民登録されて居住する者すべて（一部の宗教者等を除く）をさし、全人口比で八割以上を占めた。「村」は、用水や山野を共同で利用する人々の生活に基づいた地理的まとまりでもある。なお、江戸時代の「村」は、現行の地方公共団体（市・町・村）の村とは異なり、現在の住所表示では「大字」になっている地域単位が江戸時代の村の範囲にほぼ相当する。

「百姓」という言葉を聞くと農業従事者をイメージしがちであるが、必ずしもそうではない。漁業や林業など、現在でいうところの第一次産業に従事する者はみな百姓である。また江戸時代には、米作のみ専業で行っている百姓というのはまず存在しない。麦や大豆、野菜などを日常の食料として栽培するほか、家族の衣料を製作するために綿や麻なども植えていた。年貢納入分や自家消費分以外は売って副収入とする。次第に、生産物をそのまま販売するだけでなく、百姓のもとで付加価値をつけて売ることが広がっていった。たとえば、綿花の状態ではなく、木綿《もめん》糸に加工して売る、木綿の布を織って売るというようにである。

農家はそれぞれ自営的に経営するのが基本だが、すべてを家族労働の範囲でまかなえるわけではない。農業には、必要な作業や収穫が短期間に集中するといった性質もあるため、手が足りなければ、村びとどうしが助け合ったり、短期的に雇用労働を募ることもあった。現代でも、果物の産地などで収穫時のみ雇用されるアルバイトがあるが、そういった農繁期に限った雇用関係などが江戸時代にも存在したのである。

現代の農業地域と同じようにみてよい要素もあるが、江戸時代の農村に独特の要素もある。なかなかイメージが掴みにくいと思われるので、農村の雇用労働に触れるついでに、当時の租税制度や労働形態の大枠について概観してみたいと思う。

†租税の特性と労働形態

江戸時代の農村地域における労働形態について把握するには、租税制度に対する理解が不可欠である。租税の特性が諸産業発展の契機を引き出し、労働形態の多様化をもたらしたからである。

幕府・藩などの領主層が徴収する年貢は、土地所持者に課せられた貢租である。田でも畑でも、土地を所持する者は、その面積や土地条件等により算定された年貢を負担する必要があった。土地情報は検地《けんち》により確認された。検地というと、豊臣秀吉が実施した太閤検地が知られているだろう。領主役人が現地に赴き、実際に土地を測量して現況を把握した。村にあるすべての農地の情報（地種・面積・持主など）は検地帳に記載され、その検地帳の情報に基づいて、毎年、年貢を納めることが義務付けられた。計算上ではあるが、その田んぼからおよそどの程度の米が収穫できるかが見積もられ、それに対し、四公六民（年貢四〇％）・五公五民（同五〇％）といった年貢率が決められる。年によって豊作・凶作の違いがでるので、収穫前の時期に領主役人が村を廻って作況のサンプル調査を行い、年貢率を最終決定した。これを検見《けみ》といった。

しかし、制度設計と実際は異なる。まず、検地の問題である。検地は、太閤検地後も江戸時代前期にかけて継続的に行われた。なにしろ、すべての耕地の情報を集めなければならないので、当時の条件下では五年、一〇年で終わる調査ではない。第一次の検地は二代将軍徳川秀忠の時期（一七世紀前期）くらいまで続く。江戸時代前期は新田畑開発が盛んな時期なので、そうこうしているうちに検地帳に把握されていない新田畑が増えていった。そこで情報を補足するために、四代将軍家綱から五代将軍綱吉の頃（一七世紀後期）に、新田畑を対象とした検地が追加実施された。驚くべきことに、土地の基礎台帳の作成は原則的にこれでおしまいとなり、その後二〇〇年近く、検地はほとんど行われない。江戸時代には農業技術が向上し、土地面積当たりの収穫量も増加していくのであるが、それは、その土地の見積もり収穫量には反映されない。台帳＝検地帳の数字は次第に虚構化していくのである。

ご存知の通り、現在の基幹税となっている所得税は、収入に対して課税する方法である。それに対し江戸時代の年貢は、土地の価値に基づいて課税する方法で、現在の固定資産税

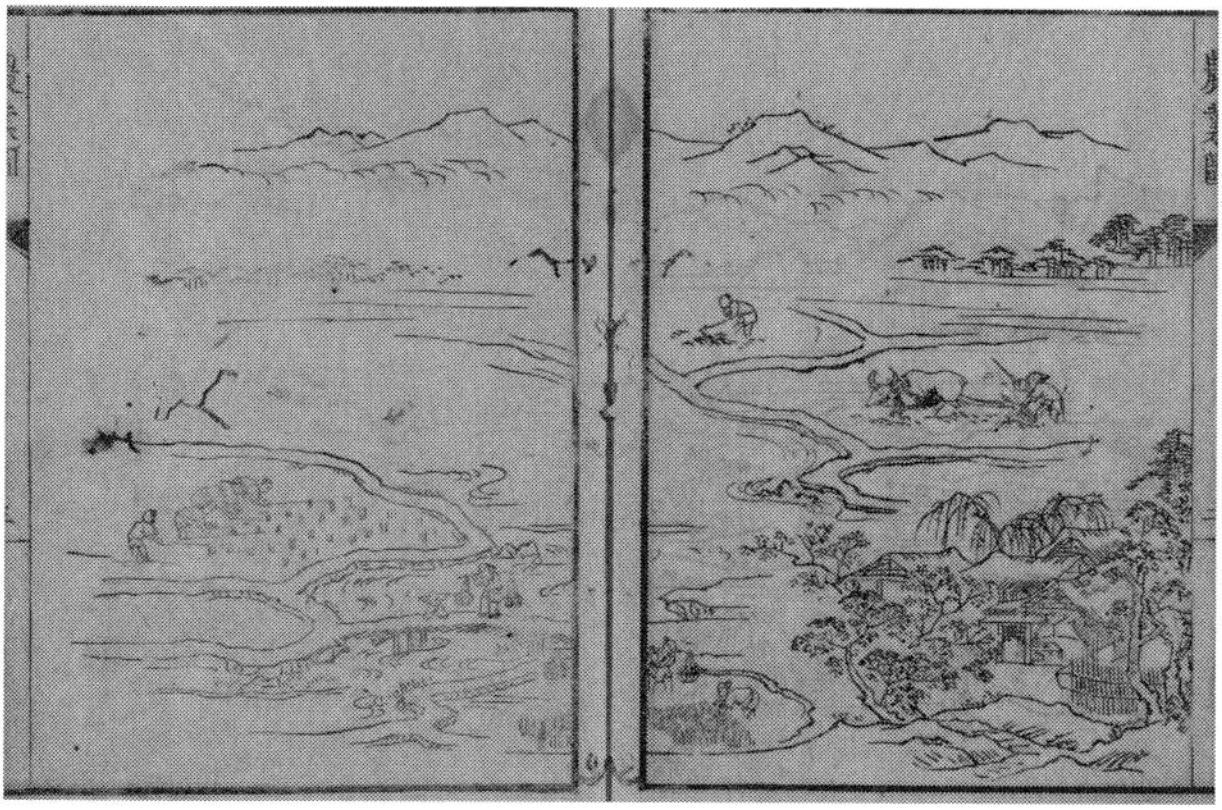

図18　稲作を描いた農事図（『南畝叢話』２巻、国立国会図書館デジタルコレクション）
人力または牛馬を使って田を耕し、田植えを行うまでの稲作の流れが示されている。

に相当する。よって、その土地を所持している百姓が実際のところどれだけ収益を得たのかは関係なく、年貢量が決まることもありえた。たとえば、領主層が求める通りに一面に稲を植えるよりも、米より商品価値の高い作物を植えて、その収穫物を販売すれば手元に残る収益は多くなる。また、あぜ道や空き地、川岸など検地帳に掌握されていない耕地以外の場所に植えた農作物はまるまる百姓の所得になった。「報徳仕法」による農村立て直しを主導した有名な二宮尊徳は、まさにこの点、稲作に依存するのではなく、さまざまな収入の手立てを確保することによって農家経済を立て直すことを勧めた。江戸時代後期の農学者大蔵永常《おおくらながつね》も、同様の考えから、稲作以外の商品作物の栽培を勧め、その方法を著作を通じて広めようとしている。こうした判断に基づく選択が広がっていくことにより、百姓の「稼ぐ力」は増していった（図18）。

よって、年貢率の数値の見方にも気をつける必要がある。五公五民などといっても、現在の感覚で収入の五〇％が税として取られてしまうと捉えるのは正しくない。さまざまな百姓の副収入の存在が加味され、百姓側と領主側の攻防も経て年貢率の数字が導き出される。全収入に対する実質的な徴収率は五〇％より下ることが多い。

畑方にも建前と実態の乖離がある。畑とは稲作が困難な条件の土地なので、元来、畑方年貢は麦や大豆で納めることとされていた。しかし、麦や大豆より収益面で有利な作物が植えられてくると、麦や大豆の現物指定は不都合となる。そこで、代金納《だいきんのう》といって、麦・大豆相当分の金銭を年貢として納める方式が導入され、一般化していった。さらには、田方に関しても、米納指定をせず、相当分の代金納を許可する領主が出てくる。田んぼに稲以外の作物を植える地域が生じてきていることの反映でもある。米を地域市場で換金したり、商品作物を販売して現金を手に入れることのできる環境が整っていったからこそ、百姓は代金納を求めるようになった。租税の金納制度の普及、地域経済の発展、農業経営の多様化の三者は密接にリンクしている。

なお、江戸時代初期の段階では貨幣経済が未発達だったため、百姓が銭を稼ぐことにさほどのメリットはなかった。米や麦の現物の方の価値が高かったといえる。それが、金銭で年貢を納められるようになり、自分で米や麦を作らないでも、商品作物で現金を得て租税を納め、さらには食料も買うという選択肢が生まれた。また、綿などの作物の場合、増産するには干鰯などの購入肥料を大量に必要としたが、それもお金があってこそのことである。

このようにして江戸時代中期以降、農村では貨幣を介した経済の循環構造が急速に発展していった。そればかりでなく、百姓の手元に現金があるからこそ、他地域からの仕入れ商品が農村地域でも販売されるようになり、また、湯屋や髪結、居酒屋といったサービス業も現われ始めた。商品作物を百姓から買い入れる仲買や問屋商人といった職業者も百姓の中から出てくる。商品を産地から消費地へ運ぶ輸送業者の需要も拡大した。百姓の生活世界に常に貨幣が存在するようになったことにより労働形態は多様化した。それに伴い、雇用労働の機会も増えていくことになった。

†さまざまな商品作物

ここまではとりあえず、木綿を商品作物の代表格として説明してきたが、江戸時代に生産が広がった商品作物は数知れない。便宜的に、その作物を植える場所に即して整理してみたい。

年貢現物納の対象ではないにもかかわらず田畑に植えられた作物としては、綿、麻、砂糖黍（甘蔗《かんしょ》）、煙草、藍、紅花、サツマイモ（甘藷《かんしょ》）などが挙げられる。これらは、毎年、種や苗から育てる作物なので、稲作・麦作に戻すことも可能である。また、江戸周辺農村でみられる大根や菜っ葉などの蔬菜栽培も商品作物の一種といえ、収穫物を百姓が自ら、江戸や江戸周辺にある青物市場へ持ち込んで売った。練馬大根・小松菜など、代表的産地を冠した品種の存在はよく知られているだろう。

木綿栽培がもっとも盛んだったのは大坂周辺地域である。綿はもともとあぜ道や農家の庭に植えられていたのが、田畑を全面に利用して栽培されるようになっていった（図19、20）。糸類の染料として用いる藍や紅花も、次第に田畑を利用しての大量生産に移行していった。

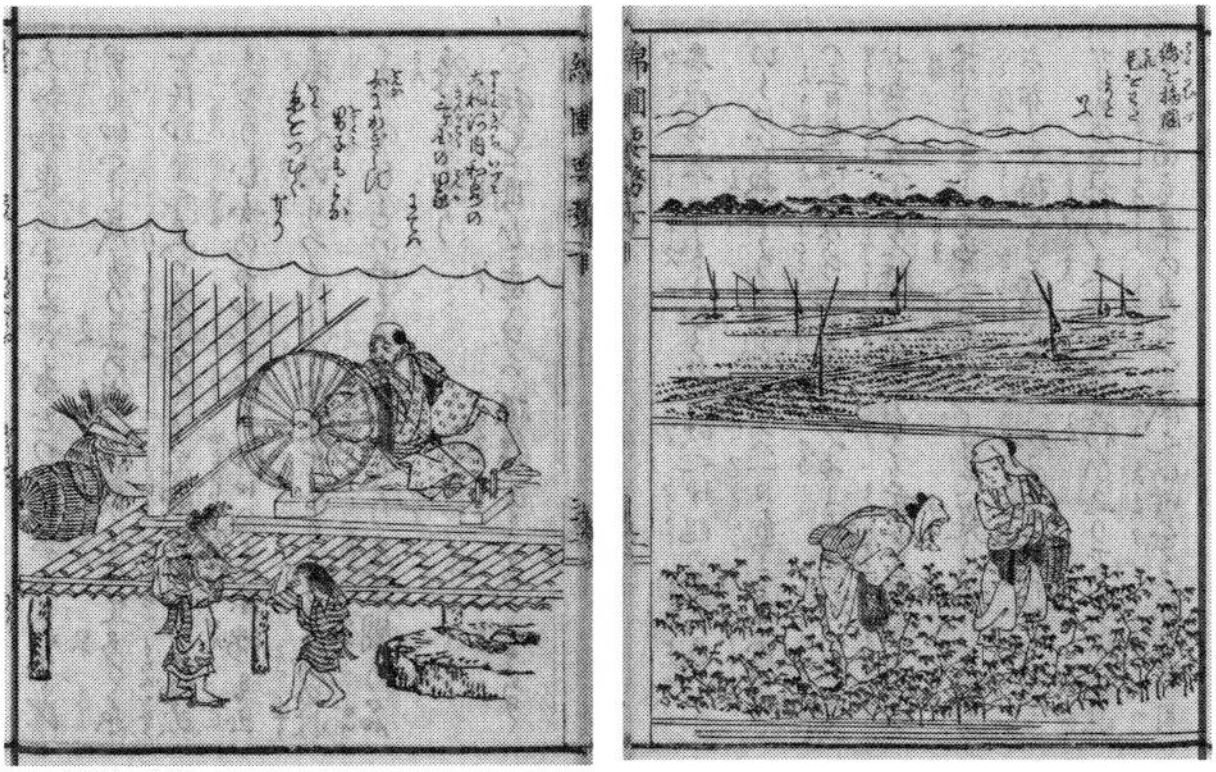

図19、20　綿摘みをする女性（右図19）と木綿糸をつむぐ老齢の男性（左図20）（2点とも大蔵永常『綿圃要務』〔1833年版行〕の挿絵、国立国会図書館デジタルコレクション）
木綿が田畑一面に栽培されている大坂近郊農村の景観がわかる。大和・河内・和泉国では男性も木綿糸を紡いで稼いでいたという。

他方、山林・原野・河川敷・田畑のあぜ道・農家の庭などを活用して生産が行われた商品作物として楮《こうぞ》（和紙の原料）・櫨《はぜ》（蠟燭の原料）・桑（蚕の餌）・漆・茶などがある。蜜柑・葡萄・柿・梨といった果樹栽培も同類である。ちなみに、紀州みかんや甲州ぶどうは、江戸時代から名産品だった。これらは草本ではなく木本なので、連続的に栽培しなければならない。やはり、あぜ道などの無年貢地での生産から、年貢地の田畑を利用した生産に移ることがありえた。なお、商品作物には加工過程が付随する場合が多く、技術面が伴わないと安定した収入を得る

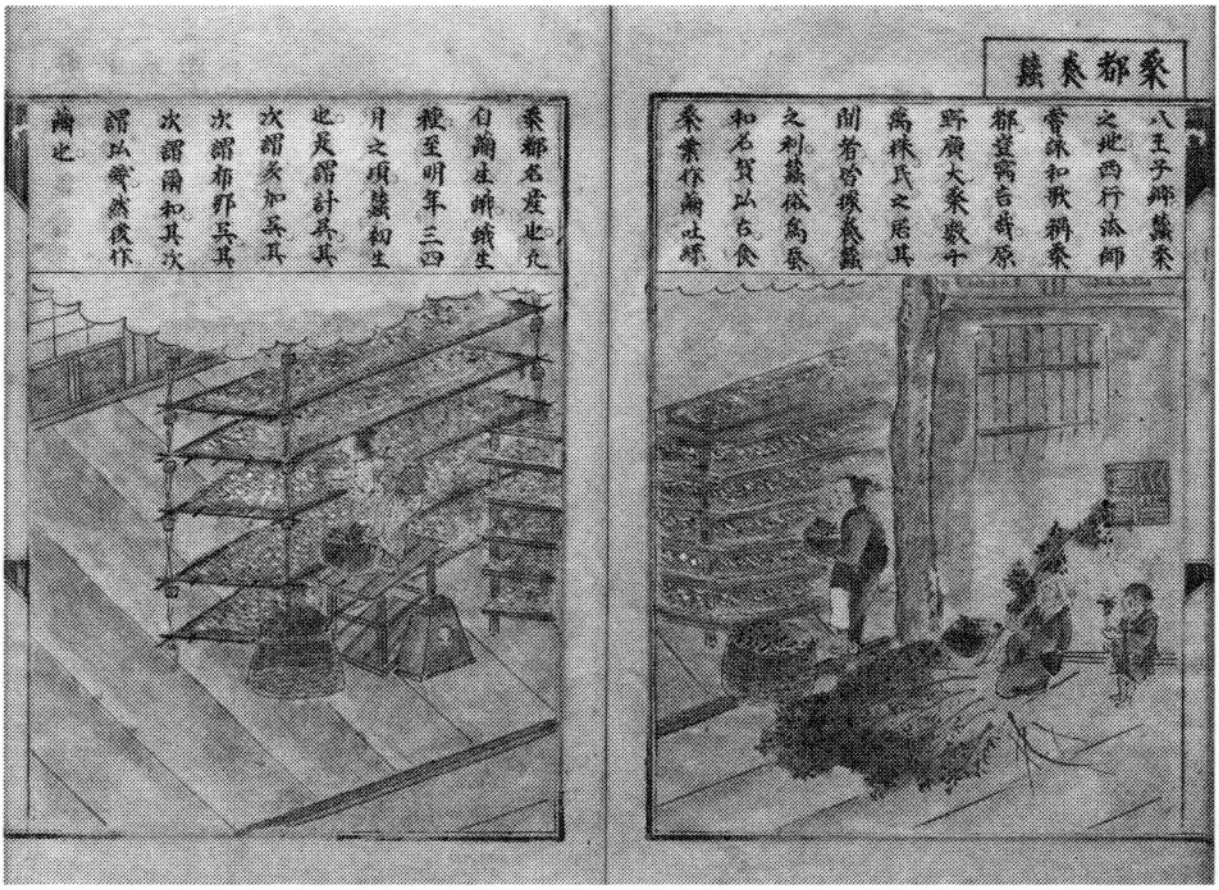

図21　蚕に桑葉を与える女性たち（塩野適斎「桑都日記」、国立公文書館デジタルアーカイブ）
「桑都日記」は、江戸時代後期に武蔵国の八王子で記された地誌。養蚕は給桑の時期が最も多忙である。遊んでもらえず淋しそうな子供の姿がいじらしい。

ことは難しかったことを付け加えておきたい。

†農村における日雇労働

商品作物には、栽培に手間を要したり、収穫時期・時間に制限があるものも多い。たとえば、紅花には棘があるため、朝露によって棘が柔らかいうちでないと収穫しにくかったという。江戸時代の養蚕では、孵化の時期や繭から羽化した成虫が出てくるのをコントロールできないため、どうしても作業が集中してしまう時期がある（図21）。綿花や茶の収穫はもちろん手摘みに頼らざるを得ない。生産規模が大きくなると家族労働ではまかなえなくなるため、手伝いの人手が雇われた。こうした労働を「手間取《てまど》り」といった。

そもそも、機械化されていない前近代の農業は家族労働の範囲で収まるものでなく、村の百姓相互の協力によって成り立つものだった。田植えしかり、稲刈りしかりである。しかし、すべてを「助け合い」で相殺することはできない。農村地域における貨幣の普及もあって、労働の対価として賃銭を支払うことが一般化するようになる。賃銭を介するようになれば、担い手がその村の百姓でなくても構わないわけで、遠方の村からグループでやって来て、繁忙期のみの「手間取り」労働に従事する者たちもいた。

江戸時代の村の百姓は、みなが田畑を所持して耕作していたわけでなく、初期から貧富の格差を内包していた。土豪と呼ばれる地域の有力者に隷属していた者も一定割合で存在した。彼らは江戸時代前期に土豪から自立していくことになるが、土地を持てない水呑《みずのみ》百姓でいることを余儀なくされることも多かった。地主から土地を借りて農耕を行うしかないが、それでは収入が不足する分を「手間取り」などの日雇労働で補ったのである。また、江戸時代中期以降、農地を担保に取って金を貸し、質流れした土地を集積して地主として成長する者が多数現れてくる。彼らは土地を小作に貸したが、「手作《てづくり》」といって直作する田畑も残した。「手作」地の耕作は、家族労働と日雇労働を併用して行われていた。田の草取りを依頼して、作業三回分で二朱（現在の金額に換算すれば一万二〇〇〇円程度）の賃銭を支払ったとする史料もある。また地主は、小作させるよりも有利だとみれば、自分の持つ農地に積極的に商品作物を作付けした。さらに利益を得るために、地主自身が商品作物の産地仲買や産地問屋（ともに、生産地で商品を買い集め、都市の問屋に売る業態）を兼業することもあった。江戸時代後期にはこうした、地主・金融業者・商業を兼業する富裕農民が全国各地に増えていた。このような存在を豪農《ごうのう》という。豪農のもとで働く日雇労働者の需要は増加していった。豪農が住む村の百姓のみでなく、近隣農村の百姓も働き手として求められた。

一方、働く側の事情も見落とせない。田畑を所持していても、すべての百姓が農業を行えるとは限らないからである。村には少なからず単身者や女性のみの世帯、母子世帯がある。労働力が足りなければ、農地を他の百姓へ預け、自身は日雇労働をして生活費を稼ぐという選択を取ることもあった。このように、村には日雇稼ぎの機会があり、その機会があることによって、さまざまな事情を持つ村びとの暮らしが成り立っていたことがわかる（深谷克己『百姓成立』、深谷克己・川鍋定男『江戸時代の諸稼ぎ――地域経済と農家経営――』）。

†農間余業でさらに稼ぐ

ここまで挙げてきたのは、農業とつながる百姓の諸稼ぎである。だが、それ以外にも百姓による諸稼ぎの機会は種々あった。百姓が、農業以外に行う副業のことを「農間余業《のうかんよぎょう》」と呼ぶ。江戸時代後期になると、副業の稼ぎの方が良いために、農耕をおろそかにする者が増えていた。そのため幕府や藩は、村の中にどのような副業従事者がいるのかを調査するようになる。そうした史料の一つである「八王子宿他三十四か村農間渡世書」(『新八王子市史　資料編4』、東京都八王子市、二〇一五年)から、百姓の諸稼ぎの種類を確認してみたい。

八王子周辺エリアは、甲州街道を旅人が行き来しており、八王子宿という地域の中核的な町場も近いことから、純農村といった景観ではない。それだけに百姓の諸稼ぎの多様さは目をみはるばかりである。

まずは、平均的な百姓が、農業経営の延長線上に行っていたとみられる農間余業を示そう。草履《ぞうり》草鞋《わらじ》小売渡世・糸繰《いとくり》渡世(絹糸又は木綿糸)・紙漉渡世・笊目《ざるめ》籠《かご》渡世などである。原材料は自身が住まう村の中で調達し、商品を作って売るというものである。

専用の設備・道具を準備しないと行えない諸稼ぎとしては、水車渡世・大工渡世・鍛冶渡世・家根(屋根)屋渡世・酒造渡世・紺屋《こうや》渡世(藍による糸染色)などがある。水車渡世とは、川に水車を設置して製粉や油絞等を行う業態である。武蔵国ではうどんがよく食べられ、現在も名物であるが、それは水車製粉が盛んだったからでもある。酒造業には、豪農が小作米に付加価値をつけて売るために参入している。また、仕入れた商品の小売業に従事している者も多い。醬油・塩・油・蠟燭・古着・干魚などが小売されている。店舗を設けて販売するのではなく、江戸の下層町人が従事した振売《ふりうり》と同様のものであろう。さらには、もはや農業者ではなく商業専従者だろうとみられるものもある。太織太物紬《ふとおりふとものつむぎ》類買継《かいつぎ》渡世(木綿織物・絹紬の仲買業)や糸繭商渡世などは地域色の強い職種といえる。黒鍬《くろくわ》(専門技術を持つ土木労働者)や質屋渡世なども多い。農業水路の補修や井戸浚いなどは、百姓自らもできるだろうが、銭を支払って黒鍬に頼むこともあった。

こうした農間余業従事者が、それぞれの村に(村の男性労働人口が一〇〇から数百人程度に対し)数人から数十人いた。村は、均質的な農業従事者による世界ではなかったことが分かる。これらでは、経営規模が拡大してくると、日雇労働に加えて半年や一年契約の下男・下女が雇用されることもあった。酒造業では季節労働者の杜氏《とうじ》が雇用されてもいる。

とはいえ、農村には長期契約を交わして特定の作業に従事する工場のような場はあまりなく、都市と同じで、被雇用者としてより自営的な稼ぎで生活している者が圧倒的に多かったといえる。

なお、百姓が田畑を捨てて商売を行ったり賃仕事を行うことは禁止されていた。百姓は自分の所持する田畑を耕作して年貢を納めるのが本分であって、余力があるなら諸稼ぎを行ってもよい、というのが領主層の見解である。江戸の武家奉公人は百姓から供給されたと述べたが、半年、一年と期間を区切るなら百姓が都市へ出て働くことが可能なだけであって、そのまま都市移住することには制限があるし、留守中に土地を耕作する男性家族がいることも条件であった。

本章では、農業を中心としつつ百姓の生業が営まれる地域の場合を示した。しかし、耕地がほとんど存在しない山村や漁業村落ではまた違った様相がある。商品を馬や舟で運ぶ運輸業には独特の労働形態がみられた。次章以降ではそれを補足したい。

第一三章　輸送・土木分野の賃銭労働

第一二章では武州八王子周辺の農間余業の種類を見た。八王子という地で、旅人に物を売る商売や旅人にサービスを提供する商売が発展し、さらに、八王子周辺で生産された物品を江戸に売りこむ商売や、江戸から運ばれてきた商品を農村の百姓に売る商売が盛んになるのは、ひとえに江戸時代における輸送の発展によるところが大きい。そこで本章では、江戸時代にあった輸送方式の特徴ならびに、輸送に関連して生まれた労働についてみていきたい。紹介する事例は請け負い型の労働が中心となるが、こうした分野にも江戸時代の社会の特性が色濃く反映されていることが分かるだろう。

また本章では、土木分野の労働にも触れる。幕府や藩が費用を出して実施した土木事業は、現代の公共事業と似た性質を帯びており、雇用労働者が求められるようになったからである。土木事業の実施にあたって、作業従事者がどのように集められたのか、労働対価がどのように支払われたのか、などに着目してみたい。

†戦国時代までの陸上輸送

モノを運ぶということは単純なことのように見えるが、前近代においては複雑な手続きを要する行為であった。

本人が荷物を担いで出発地から目的地まで運ぶのなら問題はない。盗賊に襲われないように、荷物を破損させないようにと気を付ければよいだけである。誰かに委託して荷物を届けさせるということが大変なのである。中世の「連雀《れんじやく》商人」は、都市で仕入れた商品を自ら背負って遠隔地まで行き、行商して歩いた。しかし、人力で担げる荷物には限界がある。

中世以前において、遠隔地へ向けた連絡、荷物の輸送などに馬を利用できるのは権力者に限られた。権力者が発給した手形を持つ者だけが宿駅《しゆくえき》の馬を使うことができた。もちろん、民間の商い荷物の輸送にそうした馬を利用することは禁じられていた。それなら、自分の持ち馬で出発地から到着地まで運べばよいではと考えるかもしれない。だが、途中に馬を休ませるための施設は乏しいし、慣れぬ山越え・川越えは厳しい。中世段階において、瀬戸内海の海上交通を利用して商い荷物を遠距離輸送することはすでに行われていたが、陸路による輸送については限界がある状況が続いた。

それが、戦国時代になると変化が現れてくる。戦国大名は、領国支配を強化するために伝馬《てんま》制度を敷いた。主要街道に地域間連絡の拠点となる宿駅を定め、馬を常備させ、戦国大名が発給する伝馬手形によって利用させた。宿駅に置かれた問屋《といや》において、馬の交換や馬の背に載せた荷物の付け替えなどが行われた。戦国大名が定めた伝馬制度としては、相模国や武蔵国を中心に領国を広げた北条氏や、甲斐国や信濃国に領国を有した武田氏のそれが有名である。

伝馬には、馬一疋（四）に対し原則的に一人、手綱《たづな》を取る人足が付く。馬と人足の定数は問屋に常備されていたが、足りなければ、宿駅周辺の村々の、馬を飼っている百姓に要請して調達された。なお問屋は、伝馬を務める代わりにさまざまな租税負担を免除されていた。戦国大名から与えられるはずの手当分と相殺される形になっていたといえる。

†江戸時代の宿駅制度と商い荷物輸送

江戸時代には、東海道や中山道をはじめとする五街道やその他の脇往還《わきおうかん》が整備され、各街道には宿場が一定間隔で配置されていくが、こうした制度は、戦国期に整備された伝馬制度を引き継いだものである。戦国大名においては領国単位の制度であったのが、江戸時代にはそれが全国版に拡大されたといえる。これにより、江戸から京都・大坂などまで、宿継方式で文書や公用荷物を輸送できるようになったわけである。三代将軍徳川家光期には参勤交代制度が定まり（一六三五年）、諸大名は江戸と国元を一年おきに往復するようになった。大名行列も宿駅制度を利用できるため（ただし、指定額の利用料を支払う必要がある）、宿駅が準備しておくべき人馬の必要数は跳ね上がった。それもあって、戦国時代とは変わり、問屋個人ではなく宿場町という組織で何十疋という伝馬を負担する形になった。その代わり、宿場町の百姓には地子《じし》免除（土地の租税免除）などが認められたが、それでは割にあわないほど人馬負担は重かった。そのため幕府は宿場町に対して、駄賃《だちん》稼ぎ（民間の荷物請負による輸送、馬による旅客の輸送）や、旅籠屋・茶屋等の経営を許可するようになった。幕府は宿駅に対し、付随する営業を許可することによってトータルの収益をアップさせ、それで宿駅制度を維持させようとしたといえる。これにより商人は、街道の宿駅制度を利用して遠隔地まで荷物を委託輸送できるようになったのである。

宿場町の「百姓」(宿場町は都市化していったが、住民の身分は百姓のままである)は、旅人向けの商売を営むとともに、人馬を準備して幕府役人や大名行列の通行時に提供する義務を負った。しかし、旅籠屋等の経営と馬の手綱を取ることは両立しえない。他方、宿駅には恒常的に輸送の仕事があるので、馬士《ばし》などと呼ばれる、馬を飼い、輸送の請負に従事する職業者が集まってきた。馬士らは問屋場に待機して、問屋の指示のもと、公用荷物があれば公用荷物を、商人から委託された商い荷物があればそれを次の宿場まで運んだ。商い荷物の輸送により得られた利益は問屋と馬士で分配される。公用荷物の分については、宿場百姓たちが共同で馬士たちの賃銭分を負担する形になる。本来なら、地子免除を受けている宿場百姓本人、または代人が人馬による輸送を務めなければならないはずのところ、馬士たちに代わりに務めさせているからである。

ここで考えてみたい。甲斐国の甲府から江戸まで民間荷物を運ぶとしよう。甲州街道の宿駅数は三七ある。宿駅間の距離は一〇~二〇キロメートル程度だが、そのたびに馬を替え、荷物を上げ下ろしする必要がある。馬の交換場所を提供する問屋には手数料も支払わなければならない。整備された主要街道を利用して荷物を運ぶなら、この方式に従わなければならなかった。しかし、時間はロスするし、荷物の種類によっては傷んでしまう。江戸時代中期以降、さまざまな商品が遠方に送られるようになると、委託する荷主たちのなかには、宿継ぎの方式を使わないで荷物を輸送できないかと考える者が出てきた。脇道を通って荷物を運べないわけではない。主要街道を使わなければ馬を替える必要がなく、早く安価に荷物を運べる。制度の矛盾を突く行為であることは承知で、宿駅を避けて物資が運ばれるようになっていった。比較的平坦な武蔵国エリアでは、点在する在郷町《ざいごうまち》がターミナルとなって縦横無尽の物流網が形成されていく。

一方、甲斐国のような山がちの地域では、運輸に利用できるルートが限られた。それでも街道の利用には不都合が多いので、荷主たちは馬持百姓に、脇道や間道を使って運んでくれるよう委託するようになった。馬持百姓は、農耕に使用するために馬を飼っているのだが、農間余業として輸送を請け負う者もいれば、輸送を稼業の中心としようとする者もいた。こうした輸送が活発化していけば、宿駅では取り扱う民間荷物が減少することになる。宿駅にとってこれは死活問題であることから、輸送業者たちを相手取った訴訟が起こされた。幕府は宿駅を保護する側の立場なので、その趣旨に沿った裁決が出されるが、現

図22　馬を二疋引いて荷物を運ぶ馬持百姓（「木曽街道　沓掛駅平塚原雨中之景」、国立国会図書館デジタルコレクション）
沓掛駅は現長野県北佐久郡軽井沢町。

実には、宿駅制度の拘束を逃れ、独自の輸送組織を構築しようとする馬持百姓の活動がますます盛んになっていった。「信州中《ちゅう》馬《ま》」はそうした存在の代表格といえる。信州各地と隣国の三河国（現愛知県）や上野国（現群馬県）等を結び、山越えして荷物を付け通し（＝直行便）で運んだ。信州中馬は人足一人が三〜四疋の馬を牽引するのが特徴で、相当量を一度に運搬することが可能だったのである（図22）。

確認しておきたいのは、山村の百姓の中に、馬を所持して輸送を稼業とする者が増えていくという点である。信州中馬のように一人で馬三〜四疋を引くのは農業の片手間にできることではない。しかも、特定の商人に従属しているわけでなく、商人と相対で輸送賃を決めて請け負うといった自立性もある。その営業形態は、現代の身近なものにたとえるなら「赤帽」や「Uber Eats」にあたろうか。対して、宿駅の問屋場に待機して公用輸送や商い荷物輸送に従事した馬士らは、問屋に半ば従属していたため、宿駅の経済的不振に巻き込まれ、なすすべもなかった。このように、主要街道の公用輸送に付随する形で商い荷物輸送は発展したが、江戸時代半ばになると、多くの地域において、新たな輸送の担い手が物流の世界を動かすようになっていったのである。

†河川舟運と百姓の農間稼ぎ

信州中馬が発展したのは、信濃国では地理的に舟運の利用が困難であったという要因もある。当時においては舟運こそ、商い荷物の輸送に適した至便な方式であった。舟を運航できるかどうかには条件（川の水深、流速など）があるものの、馬の背に付けて運ぶよりも圧倒的に大量の荷物を一度に、安価に輸送できた。商品輸送においては舟運が大動脈であり、陸路輸送はその補助的機能、毛細血管としての役割を果たした。先ほど、甲府から江戸へ荷物を運ぶ場合を例示したが、実のところ、甲州街道を陸路で継ぎ立てるよりも、

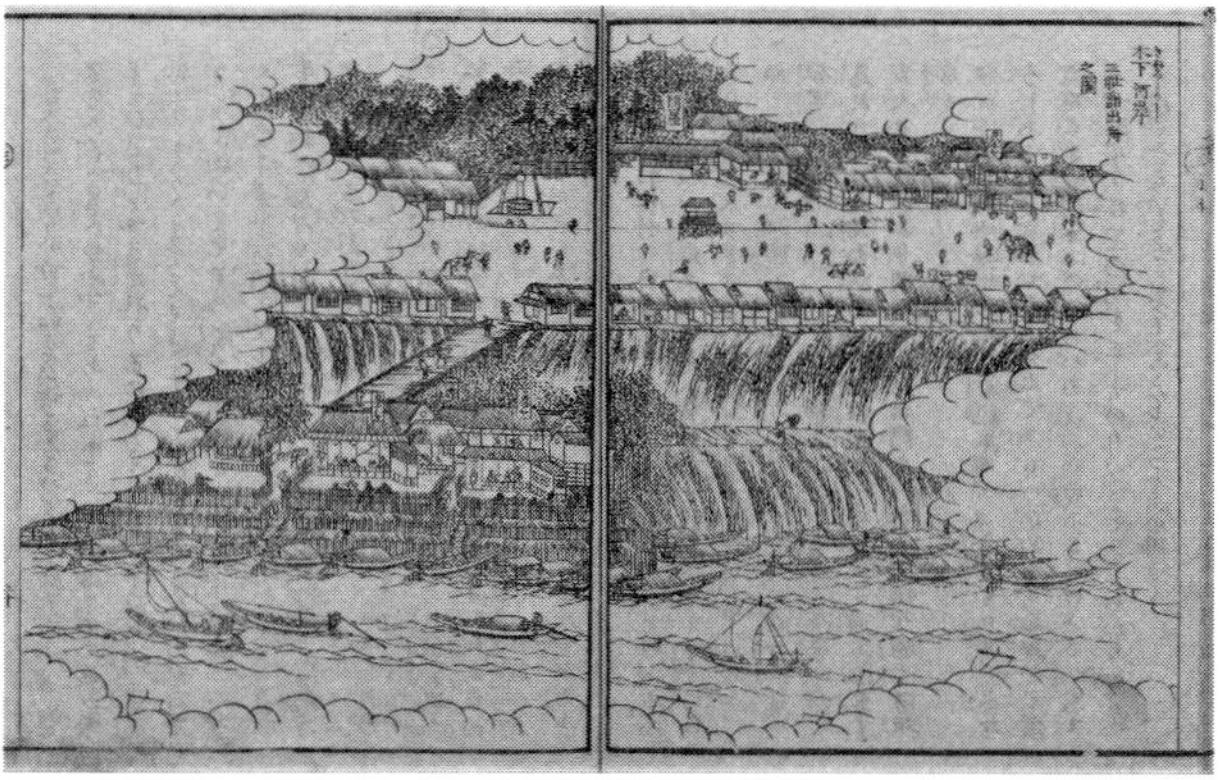

図23　木下河岸の様子（赤松宗旦『利根川図志』、国立公文書館デジタルアーカイブ）
『利根川図志』は幕末期に版行された地誌。多数の舟が係留されており、賑わっているのがわかる。

甲府から富士川の河岸《かし》（釜無川《かまなしがわ》と笛吹川《ふえふきがわ》の合流点付近にある鰍沢《かじかざわ》河岸〔現山梨県富士川町〕・青柳《あおやぎ》河岸〔同〕・黒沢《くろさわ》河岸〔現山梨県市川三郷町〕）まで運んで、富士川舟運で駿河国の河口（現静岡県富士市・静岡市清水区あたり）まで下し、川舟から積み替えて、廻船を使って江戸まで運んだ方が、輸送距離は大幅に延びるが商売上の利点は多かった。甲斐国に所在する幕府直轄領の年貢米のほとんどが、このルートを通って江戸浅草の幕府御蔵まで運ばれている。

　河岸とは河川舟運の港のことを指す。海の港と異なり、現代にはまったくといってよいほど残っていないが（旧跡の多くは、近代の堤防整備の過程で堤外地になってしまっている)、往時は、陸上交通と水上交通の結節点として栄えていた。海の港と違い、河岸を設置できる場所について地形面での厳しい条件はなく、江戸と水路で繋がる荒川や利根川には、右岸・左岸とも無数の河岸が開かれていた。図23に示した木下《きおろし》河岸(現千葉県印西市)は利根川の河岸である。川岸の高いところに河岸問屋やその他の施設が設置され、そこから橋を下りた所に段が設けられており、荷物を舟に運び入れられるようになっている。利用される舟で大型のものは、長さ一〇メートル内外ある高瀬舟・艜《ひらた》舟である。小型の舟も、川の水深・渇水などの状況に応じて使用された。

宿駅に人馬による輸送を差配する問屋があるのと同様に、河岸には河岸問屋があって、舟運を統括していた。河岸も、領主が公用荷物を送る目的、特に米を江戸に廻米するために設置したことから始まっている。河岸問屋は、公用荷物の輸送を請け負うほか、河岸運上金を領主へ上納する代わりに、独占的な輸送業者としての権利を認められた。問屋自身が所持する手舟で商い荷物を輸送して舟賃収入を得ることや、荷物を委託してきた商人から手数料である問屋口銭《こうせん》や保管料としての庭銭《にわせん》などを徴収する権利である。だが、河岸に属する舟は問屋の手舟に限らなかった。河岸問屋以外の百姓の持舟もあった。百姓の持舟は、百姓が農間稼ぎのために所持したのであり、陸上輸送を請け負うために馬を持つのと同じである。なかには、漁業用の小舟を利用して荷物や旅人の輸送を行う者までいた。宿駅の問屋は、街道での輸送に用いる人馬を支配したが、河岸問屋にはそこまでの力はなく、陸の世界と川の世界の違いが生じた。

街道の宿駅と比較すると、河岸については幕府が設置の認可権を持っていなかった点も相違する。藩の意向、有力百姓の希望により新たな河岸が設置される可能性があった。利根川や荒川など、江戸との経済的関係が強い舟運ルートでは、江戸時代中期以降に商品荷物の輸送が盛んになってくると、何艘もの手舟を持つ百姓が大量の荷物を請け負って、輸送を行うようになっていった。ついには河岸問屋を凌ぐ勢いとなり、そうした存在が河岸問屋の介入を避けるために近隣に新河岸を設立しようとするケースもあったのである。商品の輸送を依頼する荷主＝在郷商人らは当然ながら低運賃を望むので、既得権に胡坐をかいた河岸問屋よりも、新興の手舟を持つ百姓と結びつくようになり、従来の輸送方式を変えていった。宿駅制度を利用しての商い荷物輸送が、信州中馬のような馬持百姓層による輸送に置き換わっていった過程と似ている。

なお、河岸問屋の場合も、百姓が手舟を複数艘所持して営業する場合もそうだが、船頭《せんどう》を雇って舟を運航させる必要がある。その船頭には農間稼ぎの近隣百姓がなった。船頭一人では制御しきれない大型船や長距離航行の舟にはさらに水主《かこ》（一般船員）が乗り組む。水主もやはり舟持の百姓に雇用された賃銭労働者で、百姓の農間稼ぎである。

ちなみに、海上を航行する廻船《かいせん》においても一般的には、廻船問屋・船主（船の所有者）・船頭・水主はそれぞれ独立しており、廻船問屋が荷物輸送を商人から請け負うと、船主に委託がなされ、船頭や水主が雇われた。船頭や水主らにとってみれば、乗り組む船も同乗するメンバーも航海のたびに変わった。船員が船会社の社員であるのが一般的な今日とは、この点も異なる。

河川舟運には、船頭や水主のほかにも雇用労働の機会が存在した。蒸気船以前の江戸時代の舟には動力がついていないので、水勢が強い上流では、船頭と水主の力のみでは遡航が難しい。その場合、「舟引き人足」が必要となった。「舟引き人足」とは、舟に綱をかけて川岸から引っ張って行くもので、周辺の村々から随時雇われた。船頭や水主と違い、操船等に関する知識や技術がなくとも務まるが、相当の力仕事である。ほかに、荷物を舟積みしたり降ろしたりする荷役《にやく》に雇われる百姓もいた。このように、河岸周辺にはさまざまな百姓の雇用労働の機会が存在していたことを付け加えておきたい。

†幕府・藩の治水事業と百姓の賃銭労働

次に、幕府・藩が実施した治水事業において賃銭を受け取って働いた百姓について触れる。江戸時代、原則的には領主が、洪水などによって破損した河川の堤防を修復したり、用水路の整備を実施すべきであるとされていた。ただし、普請用材や労働力を誰がどのように負担するかについてはいくつかの方式が存在した。

小規模な工事の場合は自普請や定式《じょうしき》普請にした。自普請とは、百姓が自ら用材を準備し、労働力を出して行うものである。これは、百姓が自発的に行うのではなく、領主が命じて行わせる形となる。つまり労役のような性質をもつので、現場に出た百姓に賃銭は支払われない。定式普請は、毎年同じ時期に決まった箇所に実施される工事で、用水路の整備などに適用された。定式普請においては、人足費用の一部を領主が負担した。

甚大な災害後の堤防復旧工事や、用水・治水問題の抜本的な解決をはかるために流路の変更や堰・仕切堤の築造などを行う場合、そして地形の大規模な変更を伴う開発事業などにおいては、公儀普請・大名手伝《てつだい》普請・国役《くにやく》普請といった方式が採られた。このうち大名手伝普請は、幕府が大名に命じて工事を実施させるものである。大名が担当するといっても、武士が直接関与するのは工事の計画や現場監督までで、実際には町人や百姓に大部分を請け負わせた。公儀普請・国役普請は、幕府役人が工事の計画から実施までを行う方式である（二者は、事業費用の調達方法が異なる）。

利根川や荒川の普請なら現場は武蔵国北部（現埼玉県域）にある。印旛沼《いんばぬま》の開発事業なら下総国（現千葉県域）である。原則的に、その地元で調達できる人足を雇用した。幕府役人や藩役人は、工事計画に照らして必要な人数を算定し、地元村々に対して募集を掛けた。そして、一日当たり米何合とか銭何文といった報酬と引き替えに百姓に現場に出てもらうわけである。

百姓は日頃から農業に従事しているので、土をもっこで運ぶなどの一通りの作業は出来る。しかし、特殊な作業を任せることは難しいし、作業効率も良くない。そこで、黒鍬《くろくわ》が百姓とは別に雇われた。黒鍬とは、川普請や新田開発等の分野における専門的な労働を受け持った土工労働者で、掘削・運搬・突き固め等に従事した。黒鍬は、頭とその差配の者とで常日頃からグループを形成していたので、そのグループ単位で雇用された。

天保一四（一八四三）年の印旛沼水路開削に際して手伝普請を命じられた出羽庄内藩のもとには、黒鍬の元方聡（総）頭として新兵衛と七九郎がいた。新兵衛と七九郎は人足の調達・派遣を請け負う存在であり、実際には宰領と呼ばれる者が、人足を引き連れて現場へやって来ていた。宰領は下総国北部の、利根川やその支流域の村を拠点とする者が多いことから、日頃は利根川の治水工事等に従事している黒鍬たちが、印旛沼事業に召集されたとみることができる。地元の百姓を人足に雇い入れるなら、食事や宿営の手配をしないで済むという利点があるが、技能的な問題のほか、農繁期には調達できる人数が大幅に減ってしまうという問題もあった。そのため、江戸時代後期になると、このように人足の調達・派遣を請け負う者（広義の人宿に当たるといえる）に委託して人数を集めることが一般化していったのである。その対象は黒鍬といった技術所持者に限らず、江戸の日雇労働者が召集されることもあった。

なお、洪水により大規模被害が発生した地域では、概して百姓は困窮に瀕している。そうした時期に、領主側が全面的に費用を負担して治水工事を実施するのは、復旧させると共に百姓を救済する意図があった。その場合、請負業者がどこの人物であっても、資材は被害を受けた地元で購入し、人足は地元の百姓から集めるよう指示された。治水工事における賃銭雇用が政策的に用いられた一例といえる。

第一四章　漁業・鉱山業における働き手確保をめぐって

†海の労働世界、山の労働世界——集約的労働の場

江戸時代には各種の製造業が発展したが、まだ本格的な機械化には至らなかった。そのため、住まいと分離している工場のような仕事場は限られた。しかし、鉱山は特別である。江戸時代の鉱山と言えば佐渡金銀山（金銀ともに産出するので「佐渡金山」は適切でない）がやはり有名だろう。その他にも、各地で金・銀・銅・鉄等の鉱山が操業していた。鉱山にはもちろん、多数の労働者が雇用されていた。鉱石の採掘から製錬まで限られた場所で行う必要があることから、分業体制が整備され、システィマチックに操業されていた鉱山もあった一方で、極めて前近代的な様相をみせる鉱山もあった。明治時代になると、殖産

興業の旗印のもと、機械化が進んで鉱山の経営形態は大きく変わる。近代的体制が導入される以前において、鉱山労働者が置かれていた状況がどうであったのかに注目したい。鉱山と同様に、江戸時代段階で雇用労働が集約的に投入された産業として漁業が挙げられる。

現在の漁師の大多数は、漁船を持ち、自己裁量で操業する個人事業主である。水産会社に雇用されて働くサラリーマン漁師もいるが、漁師と聞いてまずイメージするのは前者だろう。しかし、漁船に家族などごく数人が乗り組み、魚を獲ってこられるのは、漁船に動力が付いているからである。航行に用いるエンジン、網の巻揚機など、これらを人力に頼ると想像してみたらどうであろうか。膨大な人手が要ることがわかる。江戸時代においてその人手は、漁師間の隷属関係を背景として確保される場合もあれば、賃銭を支払って雇用される場合もあった。そこで後者、漁業分野における雇用労働が展開する条件等について考えてみたい。

†漁業の人手はどのように確保されるか？

一言に漁業と言っても、網漁もあれば釣漁、潜水（素潜り）漁もある。本来なら、江戸時代の漁業の全体像を概観してから進んでいきたいところだが、紙幅の都合もあるので、網漁に限定し、まず、江戸時代初期から後期まであまり変化することなく営まれていた、いわば「伝統的」な漁業のスタイルを示し、それと対比させる形で、房総半島東海岸の九十九里浜の地曳網《じびきあみ》操業で採用されていた雇用労働についてみていくことにしたい。

基本的なことに触れておく。江戸時代にはすでに漁業権にあたるものが存在したが、漁業協同組合が漁業権を持つ現代と異なり、当時のそれは、海岸線を持つ村単位で設定されていた。目の前の海が基本的にその村の漁場となる。さらに、その海の、魚が獲れる諸ポイントで漁を営むことができる百姓も固定していた。田畑の所有権のように、海の利用権も地域社会内の合意により決められていたのである。なお、海付《うみつき》（海岸線を有する）の村の百姓がみな漁師というわけでなく、農耕のみを営む者もいた。

漁師は、船や網を所持する網元《あみもと》（津元《つもと》）と、網元の下で働く網子《あみこ》と呼ばれる平漁師に分かれる。伊豆半島西海岸に位置する三津《みと》村の場合、江戸時代後期に網元が三人、網子が二四人いた（以下、渡辺尚志『海に生きた百姓たち』による）。西伊豆では、六〜八人ほどで構成される網元と網子のチーム（網組）が村内に三〜五存在するというのが一般的であったという。全国どこにもこうした網元・網子関係が存在し、網元が網子を指揮して漁を行う。

また、網元は村の社会的・経済的有力者であり、代々世襲するのが一般的であった。三津村の漁師は主に鮪や鰹を獲った。農耕にのみ従事する百姓であっても、魚の大群が押し寄せるなどして漁師の人手が足りない場合には、臨時に雇い入れられた。

西伊豆における網元と網子の関係は、雇用関係とはいえない。両者は、戦国時代の土豪と隷属百姓のような支配的な関係にあり、その力によって統率が取られていた。漁自体は網子のみで行い、漁獲物の配分は網元が指示する。船や網の諸経費分を引き（漁船や網類の新調・修復の経費は網元が負担するため）、幕府に上納する漁業税分などを引いた残りを、網元と網子で分配した。漁獲物を売って金銭に替えたのちに分けるのではなく、現物のまま分ける形を取った。結局のところは網元も網子も魚を商人に売るのだが、現物の分配をベースとするところに前近代的な特徴を見ることができる。

こうした西伊豆の漁業形態と九十九里浜の地曳網漁は大きく異なる。地曳網漁は、当時においては最先端の漁法で、九十九里浜では一八世紀初頭から広く行われるようになった。一八世紀中期に全長二〇〇〜五〇〇メートルの大地曳網が使われるようになると飛躍的発展を遂げる。九十九里浜では、海付の各村で地曳網が一〜一〇帖程度操業されていたという（以下、荒居英次『近世日本漁村史の研究』による）。

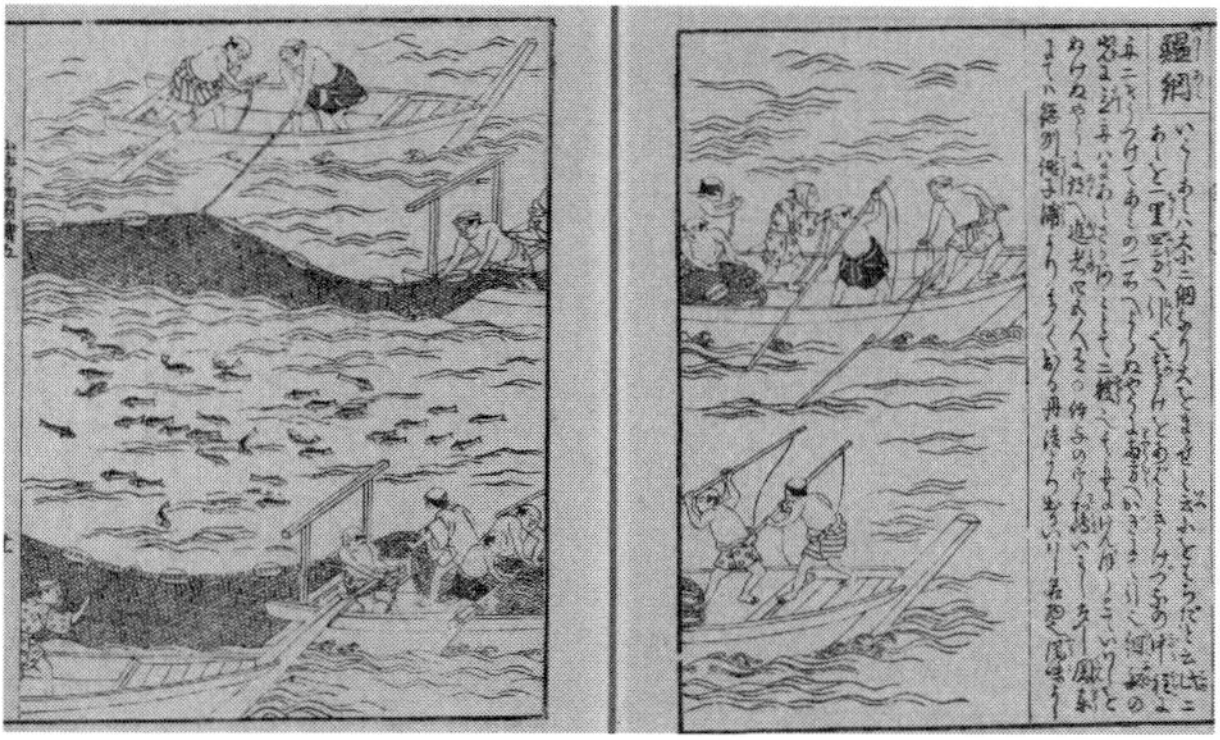

図24　鰯網漁の様子（平瀬徹斎『日本山海名物図会』5巻、国立国会図書館デジタルコレクション）
水主たちが船を操って鰯の群れを網で追い込む様子。この後、浜で網を引く。

網の規模が大型化すれば漁に必要な人数は増える。九十九里浜の地曳網漁では、網元（網主）＝経営者が漁船・網・納屋《なや》を持ち、水主《かこ》＝漁夫や、岡者《おかもの》＝網の曳手が多数雇用されて参加した。一網につき水主は五〇～六〇人、網の曳手は二〇〇～三〇〇人を必要とした。この人数の事情や地域性、漁場開発の経緯にかかる理由のために、網元は、三津村の網元のような伝統的権威によらず、経済力で漁師たちを統率することになる。

地曳網漁の獲物は主に鰯である。鰯が海岸近くに回遊してくると、二〇～三〇人の水主が乗り込む二艘の船を出し、鰯を追い込んで浜から網を曳く（図24）。水揚げされた鰯は、購入権を持つ特定商人あるいは加工業者が入札によって購入した。なお、鰯は食用でなく、肥料の干鰯《ほしか》に加工されて販売される。

地曳網漁でも網元は漁に出ない。全般を差配する「賄《まかない》」、海上で指揮を執る「沖合《おきあい》」、船をあやつる「船頭」、漁具の整備等を行う「岡働《おかばたらき》」、そして先述の水主、網の曳手の岡者らが雇用されてそれぞれの仕事を分担した。西伊豆の三津村の網子にも同様の役割分けはあるが、九十九里浜ではそうした要員がみな雇用関係により確保されている。

販売された鰯の売り上げは、半分を網元が取り、残り半分を賄・沖合・船頭・岡働・水主で分配した。網の曳手には、鰯の現物が渡された。

なお、水主の雇用に際しては、水主証文によって契約を行う。網元は一年あたり五両〜二〇両（年代によって異なる）の前貸金を渡し、水主の属する家の戸主（水主になるのは百姓の次男などの余剰労働力だった）との間で取り交わす。その前貸金分を、漁の際に分配される「水主配当金」によって返済・償却させた。一般的な年季奉公人にも半額程度の前渡し分はあるが、水主では全額を渡して債務奴隷的に使用している。契約時に労賃分全額を働き手とは別の人物が受け取り、その金額を償却するまで拘束するという点は、第一〇章で触れた遊女屋奉公の形式と共通していよう。前貸金で縛ることにより、他の農間余業へ流れたり、条件の良い他の地曳網の水主に移ることを防ごうとしたといえる。

網の曳手である岡者は、水主の妻子や老人、岡方(農耕集落)の村々から集められた。近郷の村には、曳手をリクルートする職業の者もいた。曳手は労賃としてその場で鰯の現物を受け取るが、やはり食用にするのではなく、干鰯の加工業者に売るか、自ら干鰯にして売るか、自分の田畑に肥料として撒いたはずである。干鰯加工にも多数の人手が必要で、百姓は干鰯加工業者にも雇い入れられた。地曳網漁は、網元の居村ばかりでなく、近在の村々の農民に対し、各種の雇用労働の場を提供していたといえる。

付け加えておくと、海に関する産業では、製塩業においても同様に、雇用された百姓が集約的労働に従事していた。鰯の地曳網漁よりも季節による労働需要の変動が少ないため、日雇的な形態に加えて、恒常的な雇用状態に置かれていた者も多かった。塩田経営は事業規模が大きいため、雇用労働者の管理においては時代を先んじる要素があったといえる。

†鉱山で働く人々、「働かされた」人々

鉱山もまた、特徴的な雇用労働がみられた場である。

佐渡金銀山は、有名なわりに、そのゴールドラッシュは江戸時代初期のごくわずかの期間に過ぎず、不振にあえぐ時期が長く続く。この不振が、鉱山労働のありようを歪めてい

くことになる。

江戸時代には原則的に、領主層が鉱山の所有権を持っていた。佐渡金銀山は幕府の山であり、徳川家の山である。しかし、武士は上納された金銀の差配や鉱山全体の治安維持等に関与するだけで、採掘や製錬は、商人やその下の組織に委託された。つまり、鉱山労働者は、鉱山の操業を請け負う商人により雇用されていたことになる。

鉱山の請負商人を山師《やまし》という。山師が鉱脈を探し、見込みがあれば操業を領主に願い出て採掘を始める。近代のように、鉱山全体が一企業の操業になるのではなく、坑道（「間《ま》歩《ぶ》」と呼ばれた）ごとに山師が請け負った。よって、佐渡金銀山には山師が数十人はいた。山師は金児《かなこ》を従えて採掘を行う。掘り出された「鏈《くさり》」（鉱石）は奉行所への公納分・山師分・金児分に配分された。それぞれから鏈は買石《かいし》（製錬業者）に売り渡される。買石は、鉱石を割り、粉砕して金を取り、吹き立て、出来上がった金を幕府に販売した。西伊豆三津村の網元と網子は、獲れた魚を浜で分配したのちに各自が商人に売ったが、魚と鉱石で品は違えど、過程が似ている点は興味深い。

その山師に従う金児は、佐渡金銀山においては、敷《しき》（坑道内の一部区画）の操業を請け負う小事業主である。採掘自体は金ほり大工と穿子《ほりこ》が行う。暗い坑道に入って、たがねを

図25　佐渡鉱山の坑道内で働く人々（「鉱山図」、国立国会図書館デジタルコレクション）
佐渡鉱山を描いた絵巻の写本である。左下には鉱脈を掘り進める大工たち、右手には水替人足、上の通路には、わずかな明かりを頼りに鉱石を外へ運び出す穿子の姿が描かれている。

用いて鉱脈を探りつつ鏈を掘り出す者を大工といった。穿子は大工を助け、坑内からの鉱石の運搬などにあたった（図25）。金児は、彼らを飯場《はんば》（共同生活の場）に住まわせて生活の世話をした。食事や生活に必要なものを提供したが、その代金は、金児が彼らに渡す賃銭から差し引かれた。

坑道内は粉塵にまみれ、かつ明かり取りの油煙を吸って働くような状態だったので、大工や穿子は三〇歳前後までしか生きられなかった。手間賃を一般の職人より数倍、受け取ることができたものの、自らの運命を悟り、酒色・美食に使い潰すようなさまであったという。しかし鉱山が不振に陥るにつれ、その大工の賃銭も抑制されるようになっていった。魅力は薄れ、鉱山で働く大工は極端に不足していった。そのため後期には、前借金を受け取って山へ入る大工、つまり債務に縛られて働く大工が多くを占めるようになっていく。

さらに悲惨なのが水替人足《みずかえにんそく》である。鉱脈を掘り進んでいくと坑道を地下深くに進めざるを得ない。すると水が坑道内に溜まるようになる。次第に、坑道内の水を汲み上げる仕事が、鉱山維持のために欠かせないようになっていった。それに従事するのが水替人足である。水替は技術を要さない単純労働なので、佐渡の百姓から募集されたが、やはり賃銭が低下していったので応募者は減り、人数の確保に困るようになった。奉行所は、村々に対して半ば強制的に水替人足を出すよう求めた。そのため村々では、親不孝な若者を送り込んだり、反社会的な行為をした者への罰として鉱山に送り込むようになった。次第に、鉱山は、身持が悪い百姓が行くところというイメージが定着していった。その延長線上に、江戸で捕えた無宿を佐渡鉱山の水替人足として使うという政策が生まれる。安永六（一七七七）年、初めて総勢六〇人の無宿《むしゅく》が佐渡に送られた。なお無宿とは、村から姿を消すなどして人別帳の登録から抹消された者をいう。博徒《ばくと》になったり博奕に手を染めたりすることが多く、地域の治安上の懸念になっていた。そうした無宿を狩り込んで、流罪同様に佐渡に送り込んだのである。彼らには、食費や着物代など最低限の生活費用しか支給せず、働かせ続けた。

ちなみに、火付盗賊改《ひつけとうぞくあらため》長谷川平蔵（いわゆる「鬼平」）の建議により寛政二年（一七九〇）に江戸に設置された人足寄場《にんそくよせば》は、当初、無宿の手に職を付けさせて更生させるための施設であったが、次第に無宿者を一般社会から隔離し、なかば徒刑《とけい》として油絞りなどの単純作業を行わせる場となっていく。幕府による無宿対策の限界が、人足寄場や佐渡金銀山の水替人足に顕れたといえる。無宿を佐渡に送り込んで水替人足として働かせることは幕末まで続いた。

江戸時代前期には、仕事や富を求めて他国から人々が佐渡に渡っていった。しかし、鉱山が振るわなくなると、労働者に支払われる賃金相場は低下し、働き手が激減した。そのため、魅力的な収入取得の場であった鉱山が、不心得者や無宿を強制労働につかせる場に変わってしまったのである。これには、採算が取れないにもかかわらず、幕府が鉱山の操業を止めなかったことも影響している。幕府は、その体面を保つことや佐渡の社会体制を維持することを優先し、最低限の経費で鉱山を回し続けた。その矛盾が、労働者の労働環境にも及んだといえよう。

こうしてみると、佐渡金銀山は江戸時代の代表的な鉱山ではあるが、その事例を一般化することはできない。そこで、出羽国秋田藩領にあった大葛《おおくぞ》金山の事例を併せて紹介したい。大葛金山は藩直営の山だが、実質的には山師荒谷家により経営されていた。一八世紀後半の人口は三〇〇～六〇〇人程度で、鉱山としての規模は小さい。それもあって、鉱山労働者の様相は佐渡鉱山とだいぶ異なっている（以下、荻慎一郎『近世鉱山社会史の研究』による）。

大葛金山の労働者の職種には、経理や現場監督的な役職を除くと、金名子《かなこ》、金名子抱大工、普請方鋪主《しきぬし》地大工（普請方とは、水抜・煙抜や探鉱普請の分野をさす）、普請方鋪主抱大工、堀子、金場働《かなばはたらき》などがあった。あてる漢字は異なるが、佐渡金銀山と名称は共通していることがわかる。大葛金山では金名子が生産の主体となっており、二〇人ほどいた。金名子が吹金まで仕上げ、経営側の荒谷家に売った。経営側は、扶持米や食品類、生活物資などをその吹金代価から差し引く形で金名子に供給する。

佐渡金銀山と同様に、金名子の下に雇い入れられた大工や堀子がつく。大工や堀子はそれぞれ、仕事内容や出来高によって賃金が決められており、これらの賃金も、食料など生活手段の給付分と差引勘定された。坑内で働く労働者は半ば共同生活をしていたので、賃銭がすべて銭で渡されるより、食料などの現物で支給される方が合理的であった。それとは別に金銭は、正月や七月の盆などの祭日に小遣として「貸与」された。やはり、債務を抱えさせることが労働を強いる圧力となった。人々が避けたいような厳しい労働に従事させるためには、前貸金によって行動や意識を縛ることが有効であると考えられていたといえよう。

なお、この大葛金山の金名子は、農村の百姓のように家族を形成していた。次世代にも繋いでいける持続的な経営形態だったのである。金名子本人が採掘労働、子弟が鉱石搬出労働、妻女は選鉱労働に従事するというように、家族が協力して収益を得ていた。そして、家族外から抱えた大工・堀子・金場働など数名を加え、一〇名にも満たない小単位で採掘から製錬までの工程を営んでいた。それは、大葛金山の金名子が自分の「鋪（敷）」を保持し、山師＝経営側に対して相対的に自立した請負経営を行えていたためでもある。農村の百姓が、先祖から受け継いだ田畑の耕作によって暮らしていたのと同様に、大葛金山の金名子は「鋪（敷）」を「家」の経営の中核としていた。そうした立場ゆえ、金名子は経営側に対して、自分たちの生活保障や待遇、労働条件にかかる改善を要求し、その闘争は組織的に行われていたという。こうした点も、矛盾に病んだ佐渡鉱山とは違っている。大葛金山の金名子は、自立的に小経営を営む百姓や商人に近い存在といえる。

†大量雇用の時代へ

漁業分野と鉱山業分野の雇用労働ではともに、条件による違いはあるものの、数十人、数百人規模の人々が継続的に雇用されていた。第一二章に取り上げたような、農業の人手を補うために百姓が雇われるケースなどとは規模が違う点はお分かりいただけると思う。江戸時代後期には産業の展開に伴い、こうした多人数が雇われて働く「職場」が増えていく。先ほど補足的に触れた製塩業もそうである。瀬戸内海では大規模な塩田が開発されていったが、その働き手は、近隣農村から募られた雇用労働者だった。鉱山業に近接する石材・石灰採掘などの分野でも同様だった。

現代とはまるで規模が異なるが、江戸時代は大量生産・大量消費社会へと足を踏み入れつつあり、そこにチャンスを見出した各地の商人・豪農は商品生産の規模を拡大するようになっていく。工場制の普及はもう間近な段階である。見てきたように、山野河海の資源採取に関わる業種は雇用労働との親和性が強かったが、その他にも、人手を増やすことが大量生産に繋がる業種では雇用労働者の数が増大した。酒造なら摂津国灘五郷、醬油なら下総国銚子・野田などの代表的産地において典型的にそれを見ることができる。察しがつくと思うが、これらの地では近代に、食品工業分野の大企業が成立していくことになる。産業革命による動力の転換があろうとなかろうと、江戸時代後期段階で、人々の労働形態は着実に変化していたといえる。

おわりに──近代への展望

江戸時代二六〇年余のあいだに人々の働き方の多様性が花開いたことは、見てきた通りである。この変化は、物質的な面においても精神的な面においても生活を豊かにする方向につながったと考えている。もちろん、自分の働き方にある程度納得がいっていた人物もいれば、理不尽な思いを抱えつつ我慢して働いた人物もいただろう。しかし、はじめに触れた中世の段階と比べるならば、人間的な生き方ができるかという点で雲泥の差が生まれている。なにより、雇われる側が隷属意識でなく主体的意識を持ちつつある点は確認しておきたいところである。

江戸時代にはこうして社会が大きく変貌したが、それでも身分制度の枠組みだけは変わらなかった。建前どおり、武士・百姓・町人・宗教者、それぞれが本分を全うするよう求められ続けた。職業選択の自由は実現せず、生まれついた身分、地域、家によってその後の人生の可能性の幅が決まるというのも変わらなかった。働き方が多様化したことにより、かえって身分制の不条理を認識する機会は増えたはずである。身分制度そのものに対する疑問の萌芽はあらゆる階層に広がり、明治維新の政治変革につながる静かな原動力となったことは間違いない。

身分制度の枠組みのなかでもとりわけ、武士の特権の壁は厚かった。武士は「家」として保護され、徳川将軍家や藩に対する実質的な奉公＝職務がなくても収入が保障されている状態であった。幕末維新期の政局、大政奉還から戊辰戦争を経て明治政府が成立していくまでの政治過程には、偶然や突発的な要素も含まれていたが、身分制度を克服しなければ社会の行き詰まりを打開できないということは誰しもが認識しており、必然的に行き着く先であったといえる。

なお、中世からすると階段を何段も上ったはずなのに、根深さを感じるのは、労働契約を結ぶ際に、年間の給金の一定部分を前金として受け取る慣行が継続する点である。これは、中世から江戸時代初期に存在した質物売奉公の影響を受けている。労働への対価として給金を支払うのではなく、前金と引き替えに人を拘束することが前提として受け止められていることを示す。遊女屋奉公では、まさしくこの質物売奉公の形式が採用され続けていた。日銭を稼ぐのでは一日何十文、何百文程度しか収入が得られないが、給金を半年分でも前金として受け取れるなら、たとえ下男・下女奉公であっても大金を手に入れることができる。奉公人請状には、その前金を誰が手にしたのかは記されていないが、本人の意思とは別に「働かせよう」とする他者の存在があるために、前金渡しの慣行が続いたのではないだろうか。契約には請人による保証が求められるなど、江戸時代の段階では、労働が、本人と雇う側による純粋な二者の契約によるものとなることはなかった。とりわけ弱い立場の人を過酷な労働の場に拘束する仕組みは温存され、近代まで引き継がれてしまったといえる。

本書でみてきたような江戸時代の人々の働き方は、続く明治・大正・昭和期にはどのようになっていくのであろうか。若干の見通しを示しておきたい。

明治新政府の樹立に伴う政治変革によって、武士特権は解消された。廃藩置県、廃刀令、秩禄処分と、武家制度を構成していたパーツを一つ一つひきはがすようにそれは進められ、西日本各地で発生した士族の反乱を鎮圧することによって最終的に実現された。江戸時代には、政治に関心がない殿様をお飾りとしてまつり上げ、家臣が政治を実質的に差配せざるをえない藩もあったが、それはなくなった。家臣団内において武士の身分序列が世襲されることによる弊害も、消えた。幕末期において、崩壊しつつある幕府や藩を必死で支えていた武士たちが求めていたあり方——「家」によるのではなく、能力をもつ「個」が、しかるべき立場に就いて行政を担うべきだという、今日からみれば当たり前の状況に行き着いたといえる。「家」と「個」の切り離しが実現して、誰しもにチャンスが開かれたが、チャンスの開放はかえって競争社会を招き、明治時代後期から学歴競争が激化する。立身出世がもてはやされるようになり、若者に新たな苦悩を生じさせていくのである。選択の自由の先にある苦悩なので、江戸時代の人々に言わせれば、贅沢な悩みだということになるかもしれない。しかし、学歴社会や立身出世主義は今なお、私たちを縛り続けている。その一方で、特定の家に生まれた人物が政治的な立場を独占するのは当然という時代は終わったはずなのに、世襲二世、三世の政治家に何となく期待を寄せる人が多いという現状は、皮肉としか言いようがない。

明治時代に武士身分がなくなったということは、武家の「家」制度が解体されたということを示すが、同時並行して、町人・百姓による前近代型の「家」も変質していった。

江戸時代の商家は、擬制的「家」制度のもとに構成されていた。商家の奉公人は、幕府や藩の家臣団と同じような組織と考えられていたということである。幕府や藩における士分の家臣の位置づけというより、武家奉公人の位置づけに近かったため、彼らの「家」の継続性や再生産は期待されなかった。暖簾《のれん》分け＝別家をして初めて奉公人から身分上昇が可能になるしくみであったといえる。それが近代以降、大店はまたたく間に会社制度に移行する。西欧の制度に倣うべきだという気運も影響しただろうが、擬制的な「家」制度にかかる問題が大きかったゆえでもあるだろう。会社制度への改変にともない、月給制度が導入され、「住み込み」労働から「通勤型」労働へ変化し、家族を持てない生活を強いられることもなくなった。概して良い変化しかなかったようにも見える。しかし、住み込みの奉公人から通勤制の社員になることは、彼らの衣食住が「個」のものに変化することを伴った。そこに、新たな問題も生じた。都市の貧困階層が商家奉公や武家奉公をするのは、住まい確保の理由もあった。住み込みなら、自分で家を持たないでも雨露を凌げる。自分で料理をしなくても、職場でまとめて作られる食べ物にありつけた。それが一転、「個」の生活を成立させるためには、手間も時間も余計に必要になる。近代になっても女中などの勤務形態はあったから、住み込み労働が皆無になったわけではない。しかし、家族を持たない独身の貧困層にとっては、商家における働き方の変化は、メリットばかりではなかったとみられる。

そして農村も、プラス・マイナスの影響を受けた。

明治新政府の方針下、産業革命が進められ、製糸業や紡績業を筆頭に発展していった。世界文化遺産に登録された官営富岡製糸場は、その象徴的存在であろう。しかし、急激な産業発展は、映画『あゝ野麦峠』に描かれたような工女の過酷な労働問題を発生させた。近代にはとりわけ、女性の働き方をめぐる環境が悪化したとみている。

江戸時代段階では、機織りにしても製糸にしても手工業であり、女性たちは自宅で余業に従事していた。それが機械制工業が普及した後は、機械・設備を休みなく稼働させることが資本家の利益につながったことから、工女を寄宿舎に入れ、「昼夜交代労働」までも行われるようになった。江戸時代には、夜間に灯油を使用して労働することはコストがかかることであり、夜間の労働は抑制されていた。武家屋敷でも経費節約のため灯油の使用は制限されていたから、昼夜を徹して働かされるということはなかった。それが一転、経営上の利益のために、労働者の健康を無視した労働が導入されていったことになる。

江戸時代には、農村の余剰労働力と都市における労働需要がマッチングして奉公人が供給された面もあったが、近代には、資本家による搾取の論理にのみ込まれていく。諸工場に農民やその子女が、劣悪な条件にもかかわらず労働者として入り込んでいった背景には松方デフレによる農村の貧窮化があったと指摘される。地租改正をはじめとする明治政府が定めた新税制や政治的事情に振り回されて、農民は、見方によっては江戸時代以上に困窮の度を深めていくことになった。

さまざまな要因が絡み合って、明治時代以降、雇用労働をめぐる問題はより複雑・深刻化していくとみている。それは、松沢裕作氏が著書『生きづらい明治社会』で提示された時代像に接続していくのではないかと気付かされた。松沢氏は、江戸時代にあった村請制がなくなり、生活の相互扶助にかかる共同意識が後退したことにより、貧富を「自己責任」とする考え方が広がったとみている。村請制の変化だけでなく、武家屋敷や商家における奉公制度の変化による生活共同意識の後退に関しても同様の図式が当てはまるのではないか。これによりもっとも影響を受けたのは、家族共同体から疎外された貧困階層だったはずである。たとえ末端の待遇であっても、武家屋敷や商家に奉公していれば住まいは与えられ、粗末ながら衣食も受け取れた。共同生活は息苦しいものではあるが、周囲の眼があるので、ひどい状態で放置されるということにはならない。江戸時代には、最下層の奉公人まで「家」に包摂される存在とされたから、主人には彼らに対する責任もあった。そうしたありようが近代には崩れ、雇い主から庇護を受けられなくなった人々の困窮が進行するのではないか。近代化の過程で、働き方には「個」の要素が広がっていったが、そこにはプラスの側面だけでなく、立場によっては負の側面もあったとみられる。まさに、時代に則して存在した共同体の変化が、働き方も生活も変えていくのだろう。

あとがき

本書は、産労総合研究所発行『賃金事情』誌における連載「江戸時代の雇用労働をひもとく」(全一四回、二〇二一年一〇月〔二八三四号〕〜二〇二二年一二月〔二八六〇号〕)を再構成したものである。連載の際には、ページの制限により丁寧な説明ができないこともあったので、今回、ちくま新書版に改稿するにあたって補足を加えているが、おおむねの内容は変わっていない。

産労総合研究所から連載を担当して欲しいと声をかけられた時、正直なところ、雑誌の性格にあった記事が書けるのだろうかと不安はあった。その一方で、私は、東京農業大学国際食料情報学部で担当している「日本史」の授業で、江戸時代から近代にかけての諸産業の様相や村落社会の特質について学生に話していくなかで、現代の労働者としての私たちの立場から遡って前近代の人々の働き方を理解しておくことは大切なのではないかと考えるようになっていた。ゆえに連載の執筆は、その視点を養う絶好の機会になると思われた。『賃金事情』編集部から提示された統一テーマは「雇用労働」であったが、間口を広くとって「報酬として金銭を受け取る働き方」を対象に連載を構成させてもらった。そのおかげで、本書に示したように、狭義の雇用労働には収まらない形態を含め、江戸時代には多様な労働のスタイルが展開し、社会を特徴づけていたことを明らかにすることができた。

なお『賃金事情』誌は、個人が買って読むというよりは、法人において定期購読されるタイプの雑誌なので、どうしても手に取ってもらえるシーンは限られる。連載終了後、なにか他の形で広く読んでもらえるようにしたいと希望するようになった。そこに、思いがけぬご縁があって、ちくま新書に書かせていただけることになった。改稿にあたり、お世話になった筑摩書房の吉澤麻衣子さんにこの場をお借りしてお礼を申し上げたい。

二〇二三年一〇月

戸森麻衣子

参考文献一覧（主要なもののみ、引用順）

丹野勲『日本的労働制度の歴史と戦略――江戸時代の奉公人制度から現代までの日本的雇用慣行』（泉文堂、二〇一二年）
大竹秀男『近世雇傭関係史論』（神戸大学研究双書刊行会、一九八三年）
藤木久志『戦国の村を行く』（朝日新書、二〇二一年）
藤木久志『飢餓と戦争の戦国を行く』（吉川弘文館、二〇一八年）
児玉幸多『近世農民生活史〈新版〉』（吉川弘文館、二〇〇六年）
渡辺尚志『百姓たちの江戸時代』（ちくまプリマー新書、二〇〇九年）
渡辺尚志『百姓の力――江戸時代から見える日本』（柏書房、二〇〇八年）
高木久史『通貨の日本史――無文銀銭、富本銭から電子マネーまで』（中公新書、二〇一六年）
吉原健一郎『江戸の銭と庶民の暮らし』（同成社江戸時代史叢書、二〇〇三年）
高野信治『武士の奉公本音と建前――江戸時代の出世と処世術』（吉川弘文館、二〇一五年）
笠谷和比古『武士道と日本型能力主義』（新潮選書、二〇〇五年）
小川恭一『江戸の旗本事典』（角川ソフィア文庫、二〇一六年）
新見吉治『旗本〈新装版〉』（吉川弘文館、一九九五年）
北原進『江戸の高利貸――旗本・御家人と札差』（吉川弘文館、二〇〇八年）

戸森麻衣子『江戸幕府の御家人』(東京堂出版、二〇二一年)
南和男『江戸の社会構造』(塙書房、一九六九年)
磯田道史『近世大名家臣団の社会構造』(東京大学出版会、二〇〇三年)
松本良太『武家奉公人と都市社会』(校倉書房、二〇一七年)
森下徹『日本近世雇用労働史の研究』(東京大学出版会、一九九五年)
根岸茂夫『大名行列を解剖する――江戸の人材派遣』(吉川弘文館、二〇〇九年)
長倉素子「人宿組合と武家奉公人」(『学習院史学』5号、一九六八年)
野本禎司『近世旗本領主支配と家臣団』(吉川弘文館、二〇二一年)
石井孝『日本開国史』(吉川弘文館、一九七二年)
三谷博『明治維新とナショナリズム』(山川出版社、二〇〇九年)
倉沢剛『幕末教育史の研究　一　直轄学校政策』(吉川弘文館、一九八三年)
金澤裕之『幕府海軍の興亡――幕末期における日本の海軍建設』(慶応義塾大学出版会、二〇一七年)
宮崎ふみ子「蕃書調所=開成所に於ける陪臣使用問題」(『東京大学史紀要』2、一九七九年)
水上たかね「幕府海軍における『業前』と身分」(『史学雑誌』一二二(一一)、二〇一三年)
安藤博『徳川幕府県治要略』(赤城書店、一九一五年)
吉田伸之『都市――江戸に生きる〈シリーズ日本近世史4〉』(岩波新書、二〇一五年)
吉田伸之『伝統都市・江戸』(東京大学出版会、二〇一二年)
菅野則子『江戸時代の孝行者――「孝義録」の世界』(吉川弘文館、一九九九年)

横山百合子『明治維新と近世身分制の解体』(山川出版社、二〇〇五年)
西坂靖『三井越後屋奉公人の研究』(東京大学出版会、二〇〇六年)
油井宏子『江戸奉公人の心得帖――呉服商白木屋の日常』(新潮新書、二〇〇七年)
安岡重明『近世商家の経営理念・制度・雇用』(晃洋書房、一九九八年)
林玲子『江戸・上方の大店と町家女性』(吉川弘文館、二〇〇一年)
高埜利彦編『近世史講義――女性の力を問いなおす』(ちくま新書、二〇二〇年)
福田千鶴『近世武家社会の奥向構造――江戸城・大名武家屋敷の女性と職制――』(吉川弘文館、二〇一八年)
横山百合子「資料紹介『梅本記』」(『国立歴史民俗博物館研究報告』二〇〇、二〇一六年)
石井良助『江戸の刑罰』(中公新書、一九六四年)
高塩博『江戸幕府法の基礎的研究《論考篇・史料篇》』(汲古書院、二〇一七年)
小早川欣吾『近世民事訴訟制度の研究』(有斐閣、一九五七年)
深谷克己『百姓成立』(塙書房、一九九三年)
深谷克己・川鍋定男『江戸時代の諸稼ぎ――地域経済と農家経営――』(農山漁村文化協会、一九八八年)
児玉幸多編『日本史小百科　宿場』(東京堂出版、一九九九年)
古島敏雄『江戸時代の商品流通と交通――信州中馬の研究』(御茶の水書房、一九五一年)
丹治健蔵『関東河川水運史の研究』(法政大学出版局、一九八四年)
大谷貞夫『江戸幕府治水政策史の研究』(雄山閣、一九九六年)

松浦茂樹「近世の民間土工専門家・黒鍬」（『水利科学』六三（三）、二〇一九年）
荒居英次『近世日本漁村史の研究』（新生社、一九六三年）
渡辺尚志『海に生きた百姓たち』（草思社、二〇一九年）
田中圭一『佐渡金銀山の史的研究』（刀水書房、一九八六年）
相川町史編纂委員会編『佐渡一国天領（佐渡相川の歴史資料集7）』（新潟県佐渡郡相川町、一九七八年）
荻慎一郎『近世鉱山社会史の研究』（思文閣出版、一九九六年）
松沢裕作『生きづらい明治社会――不安と競争の時代』（岩波ジュニア新書、二〇一八年）

ちくま新書
1767

仕事《しごと》と江戸時代《えどじだい》
——武士《ぶし》・町人《ちょうにん》・百姓《ひゃくしょう》はどう働《はたら》いたか

二〇二三年一二月一〇日　第一刷発行

著者　戸森麻衣子（ともり・まいこ）
発行者　喜入冬子
発行所　株式会社筑摩書房
東京都台東区蔵前二‐五‐三　郵便番号一一一‐八七五五
電話番号〇三‐五六八七‐二六〇一（代表）
装幀者　間村俊一
印刷・製本　株式会社精興社

ISBN978-4-480-07597-0 C0221

ちくま新書

618 百姓から見た戦国大名　黒田基樹

生存のために武器を持つ百姓。領内の安定に配慮する大名。乱世に生きた武将と庶民のパワーバランスとは——。戦国時代の権力構造と社会システムをとらえなおす。

692 江戸の教育力　高橋敏

江戸の教育は社会に出て困らないための、「一人前」になるための教育だった！　文字教育と非文字教育が一体化した寺子屋教育の実像を第一人者が掘り起こす。

1096 幕末史　佐々木克

日本が大きく揺らいだ激動の幕末。そのとき何が起き、何が変わったのか。黒船来航から明治維新まで、日本の生まれ変わる軌跡をダイナミックに一望する決定版。

1144 地図から読む江戸時代　上杉和央

空間をどう認識するかは時代によって異なる。その違いを象徴するのが「地図」だ。古地図を読み解き、日本の形を作った時代精神を探る歴史地理学の書。図版資料満載。

1219 江戸の都市力——地形と経済で読みとく　鈴木浩三

天下普請、参勤交代、水運網整備、地理的利点、統治システム、所得の再分配……地形と経済の観点を中心として、未曾有の大都市に発展した江戸の秘密を探る！

1309 勘定奉行の江戸時代　藤田覚

家格によらず能力と実績でトップに立てた勘定所。財政を支える奉行のアイデアとは。年貢増徴策、新財源探し、禁断の貨幣改鋳、財政積極派と緊縮派の対立……。

1294 大坂　民衆の近世史——老いと病・生業・下層社会　塚田孝

江戸時代に大坂の庶民に与えられた「褒賞」の記録を読みとくと、今は忘れられた市井の人々のドラマが見えてくる。大坂の町と庶民の暮らしがよくわかる一冊。

ちくま新書

601 法隆寺の謎を解く 武澤秀一
世界最古の木造建築物として有名な法隆寺は、創建・再建の動機を始め多くの謎に包まれている。その構造から古代史を読みとく、空間の出来事による「日本」発見。

650 未完の明治維新 坂野潤治
明治維新は〈富国・強兵・立憲主義・議会論〉の四つの目標が交錯した「武士の革命」だった。それは、どう実現されたのだろうか。史料で読みとく明治維新の新たな実像。

713 縄文の思考 小林達雄
土器や土偶のデザイン、環状列石などの記念物は、縄文人の豊かな精神世界を語って余りある。著者自身の半世紀近い実証研究にもとづく、縄文考古学の到達点。

734 寺社勢力の中世——無縁・有縁・移民 伊藤正敏
最先端の技術、軍事力、経済力を持ちながら、同時に、国家の論理、有縁の絆を断ち切る中世の「無縁」所。第一次史料を駆使し、中世日本を生々しく再現する。

791 日本の深層文化 森浩一
稲と並ぶ隠れた主要穀物の「粟」。田とは異なる豊かさを提供してくれる各地の「野」。大きな魚としてのクジラ。——史料と遺跡で日本文化の豊穣な世界を探る。

948 日本近代史 坂野潤治
この国が革命に成功し、わずか数十年でめざましい近代化を実現しながら、やがて崩壊へと突き進まざるをえなかったのはなぜか。激動の八〇年を通観し、捉えなおす。

1093 織田信長 神田千里
信長は「革命児」だったのか？　近世へ向けて価値観が大転換した戦国時代、伝統的権威と協調し諸大名や世間の評判にも敏感だった武将の像を、史実から描き出す。

ちくま新書

1184
昭和史
古川隆久
日本はなぜ戦争に突き進んだのか。私たちは、何を失い、何を手にしたのか。開戦から敗戦、復興、そして高度成長へと至る激動の64年間を、第一人者が一望する決定版！

1207
古墳の古代史
――東アジアのなかの日本
森下章司
社会変化の「渦」の中から支配者が出現した、古墳時代の中国・朝鮮・倭。一体何が起こったのか。日本と他地域の共通点と、明白な違いとは。最新考古学から考える。

1210
日本震災史
――復旧から復興への歩み
北原糸子
度重なる震災は日本社会をいかに作り替えてきたのか。有史以来、明治までの震災の復旧・復興の事例に焦点を当て、史料からこの国の災害対策の歩みを明らかにする。

1247
建築から見た日本古代史
武澤秀一
飛鳥寺、四天王寺、伊勢神宮などの古代建築群を手がかりに日本誕生に至る古代史を一望する。仏教公伝、皇祖神創造、生前退位は如何に三次元的に表現されたのか？

1136
昭和史講義
――最新研究で見る戦争への道
筒井清忠編
なぜ昭和の日本は戦争へと向かったのか。複雑きわまる戦前期を正確に理解すべく、俗説を排して信頼できる史料に依拠。第一線の歴史家たちによる最新の研究成果。

1194
昭和史講義2
――専門研究者が見る戦争への道
筒井清忠編
なぜ戦前の日本は破綻への道を歩んだのか。その原因をより深く究明すべく、二十名の研究者が最新研究の成果を結集する。好評を博した昭和史講義シリーズ第二弾。

1266
昭和史講義3
――リーダーを通して見る戦争への道
筒井清忠編
昭和のリーダーたちの決断はなぜ戦争へと結びついたのか。近衛文麿、東条英機ら政治家・軍人のキーパーソン15名の生い立ちと行動を、最新研究によって跡づける。

ちくま新書

1293
西郷隆盛
——手紙で読むその実像
川道麟太郎
西郷の手紙を丹念に読み解くと、多くの歴史家がその人物像を誤って描いてきたことがわかる。徹底した考証に基づき生涯を再構成する、既成の西郷論への挑戦の書。

1306
やりなおし高校日本史
野澤道生
「1192つくろう鎌倉幕府」はもう使えない！　新たな解釈により昔習った日本史は変化を遂げているのだ。ヤマト政権の時代から大正・昭和まで一気に学びなおす。

1308
オリンピックと万博
——巨大イベントのデザイン史
暮沢剛巳
二〇二〇年東京五輪のメインスタジアムやエンブレムのコンペをめぐる混乱。巨大国家イベントの開催意義とは何なのか？　戦後日本のデザイン戦略から探る。

1406
考古学講義
北條芳隆編
科学的手法の進展により新発見の続く考古学。その最先端をわかりやすく伝えるとともに、通説をそのままなぞるような水準にとどまらない挑戦的な研究を紹介する。

1300
古代史講義
——邪馬台国から平安時代まで
佐藤信編
古代史研究の最新成果と動向を一般読者にわかりやすく伝えるべく15人の専門家の知を結集。列島史の全体像が1冊でつかめる最良の入門書。参考文献ガイドも充実。

1391
古代史講義【戦乱篇】
佐藤信編
日本の古代を大きく動かした15の戦い・政争を最新研究に基づき正確に叙述。通時的に歴史展開を見通すとともに、時代背景となる古代社会のあり方を明らかにする。

1480
古代史講義【宮都篇】
佐藤信編
飛鳥の宮から平城京・平安京などの都、太宰府、平泉まで古代の代表的宮都を紹介。最新の発掘・調査成果をもとに都市の実像を明らかにし、古代史像の刷新を図る。

1579
古代史講義【氏族篇】
佐藤信編
大伴氏、物部氏、蘇我氏、藤原氏から源氏、平氏、奥州藤原氏まで――各時期に活躍した代表的氏族の展開を、最新研究から見通し、古代社会の実情を明らかにする。

1746
古代史講義【海外交流篇】
佐藤信編集
邪馬台国・倭の五王時代から、平安時代の鴻臚館交易まで、対外交流のなかから日本という国が立ち現れてくる様を、最新の研究状況を紹介しながら明らかにする。

1485
中世史講義【戦乱篇】
高橋典幸編
『承久の乱』『応仁の乱』など重要な戦乱をめぐる最新研究成果を紹介。保元の乱から慶長の役まで、武士による戦乱の時代であった中世の歴史を一望に収める入門書。

1378
中世史講義
――院政期から戦国時代まで
高橋典幸
五味文彦編
日本史の先端研究者の知を結集。政治・経済・外交・社会・文化など十五の重要ポイントを押さえるかたちで中世史を俯瞰する。最新の論点が理解できる、待望の通史。

1469
近世史講義
――女性の力を問いなおす
高埜利彦編
第一線の実証史学研究者が最新研究に基づき江戸時代の実像に迫る。特に女性が持った力と果たした役割を多角的に検証。通史としても読める全く新しい形の入門書。

1318
明治史講義【テーマ篇】
小林和幸編
信頼できる研究を積み重ねる実証史家の知を結集。20のテーマで明治史研究の論点を整理し、変革と跳躍の時代を最新の観点から描き直す。まったく新しい近代史入門。

1319
明治史講義【人物篇】
筒井清忠編
西郷・大久保から乃木希典まで明治史のキーパーソン22人を、気鋭の専門研究者が最新の知見をもとに徹底分析。確かな実証に基づく、信頼できる人物評伝集の決定版。

ちくま新書

1665
昭和史講義【戦後文化篇】(上)
筒井清忠編
計7冊を刊行してきた『昭和史講義』シリーズの掉尾を飾る戦後文化篇。上巻では主に思想や運動、文芸を扱い、18人の第一線の研究者が多彩な文化を描き尽くす。

1666
昭和史講義【戦後文化篇】(下)
筒井清忠編
昭和史講義シリーズ最終刊の下巻では、戦後に黄金期を迎えた日本映画界を中心に、映像による多彩な大衆文化・サブカルチャーを主に扱う。昭和史研究の総決算。

1385
平成史講義
吉見俊哉編
平成とは、戦後日本的なものが崩れ落ち、革新の試みが挫折した30年間だった。政治、経済、雇用、メディア。第一線の研究者がその隘路と活路を描く決定版通史。

1359
大坂城全史
——歴史と構造の謎を解く
中村博司
豊臣秀吉、徳川家康・秀忠など、長きにわたり権力者たちの興亡の舞台となった大坂城を、最新の研究成果に基づき読み解く、通説を刷新する決定版通史!

1369
武士の起源を解きあかす
——混血する古代、創発される中世
桃崎有一郎
武士はどこでどうやって誕生したのか。日本を長期間統治した彼らのはじまりは「諸説ある」として不明とされていた。古代と中世をまたぎ、日本史最大級の謎に挑む。

1379
都市空間の明治維新
——江戸から東京への大転換
松山恵
江戸が東京になったとき、どのような変化が起こったのか? 皇居改造、煉瓦街計画、武家地の転用など空間の変容を考察し、その町に暮らした人々の痕跡をたどる。

1426
明智光秀と本能寺の変
渡邊大門
下克上の時代。なぜ明智光秀は織田信長を殺したのか。私怨だったのか、朝廷か足利義昭か、徳川家康の陰謀だったか……戦国ミステリーを明智の人生で読み解く。

ちくま新書

1452
千家尊福と出雲信仰
岡本雅享
幕末に生まれ、出雲大社の国造として生き神様と呼ばれた千家尊福（せんげたかとみ）。埼玉・静岡県知事、東京府知事も務め声望を集めた、希代の偉人の生涯を辿る。

1457
「失敗の本質」と戦略思想
――孫子・クラウゼヴィッツで読み解く日本軍の敗因
西田陽一
杉之尾宜生
名著『失敗の本質』に採り上げられた例も含め、日本陸海軍の戦いを『孫子』とクラウゼヴィッツ『戦争論』により再検討。日本人に欠ける戦略思考の活性化を図る。

1471
室町の覇者 足利義満
――朝廷と幕府はいかに統一されたか
桃崎有一郎
朝廷の支配者であり、幕府のトップ。その権力の源泉は儀礼の奥義と、無言の恫喝とジョークで、それは天皇までも翻弄した。知られざる義満の正体を深掘りする。

1475
歴史人口学事始め
――記録と記憶の九〇年
速水融
二〇一九年に逝去した歴史人口学の泰斗・速水融の遺著。欧州で歴史人口学と出会い、日本近世経済史の知られざる姿を明らかにした碩学が激動の時代を振り返る。

1497
人事の古代史
――律令官人制からみた古代日本
十川陽一
報復左遷、飼い殺し、飼い慣らし……。天皇を中心に国を統治をするために様々な人の差配が必要となった。国家の礎となる官人とその支配制度に光を当てた一冊。

1499
避けられた戦争
――一九二〇年代・日本の選択
油井大三郎
なぜ日本は国際協調を捨てて戦争へと向かったのか。国際関係史の知見から、一九二〇年代の日本に本当は存在していた「戦争を避ける道」の可能性を掘り起こす。

1513
明治憲法史
坂野潤治
近代日本が崩壊へと向かう過程において、憲法体制は本当に無力であるほかなかったのか。明治国家の建設から総力戦の時代まで、この国のありようの根本をよみとく。

ちくま新書

1628
邪馬台国再考
——女王国・邪馬台国・ヤマト政権
小林敏男
畿内ヤマト国（邪馬台国）と北九州ヤマト国（女王国）は別の国で、卑弥呼は後者の女王だった。長年の歴史学の文献研究に基づき、古代史最大の謎を解き明かす。

1635
「新しさ」の日本思想史
——進歩志向の系譜を探る
西田知己
単に「現在」を示すだけだった「新しい」という言葉が、いかにして幕末維新期には大衆をリードする言葉にまで変貌したのか。日本人の進歩への志向の系譜を探る。

1646
縄文と世界遺産
——人類史における普遍的価値を問う
根岸洋
２０２１年、「北海道・北東北の縄文遺跡群」が世界遺産になった。世界は「縄文」をどう評価したか。その選定過程から浮かび上がる人類の「普遍的価値」を考える。

1683
嘉吉の乱
——室町幕府を変えた将軍暗殺
渡邊大門
足利義教の恐怖政治や理不尽な人事などから、自業自得、前代未聞の犬死といわれた室町将軍暗殺の全貌。のちの下克上の時代にもつながる幕府と守護の関係変化。

1693
地形で見る江戸・東京発展史
鈴木浩三
江戸・東京の古今の地図から、自然地形に逆らわない町づくりの工夫が鮮やかに見えてくる。河川・水道・道路・鉄道などのインフラ発展史をビジュアルに読み解く。

1703
古代豪族 大神氏
——ヤマト王権と三輪山祭祀
鈴木正信
ヤマト王権の国家祭祀を担った氏族、大神（おおみわ）氏。三輪山周辺が政治の舞台だった五～六世紀に祭祀を職掌として台頭した大神氏と古代王権の実態を解明する。

1727
東京史
——七つのテーマで巨大都市を読み解く
源川真希
明治維新から今日までの約150年、破壊と再生を繰り返し発展してきた東京を様々な角度から見つめ、読み解き、その歴史を一望する。まったく新しい東京史。